Harald Schneider

Geschichtskurs –
Deutschland seit 1945

MANZ VERLAG

Manz Verlag
© Ernst Klett Verlag GmbH, Stuttgart 2000
Alle Rechte vorbehalten
Lektorat: Harald Kotlarz, Ammerbuch
Herstellung: Karin Schmid, Baldham
Umschlaggestaltung: Zembsch' Werkstatt, München
Layout: Karin Schmid, Baldham
Satz: Karin Schmid, Baldham
Druck: Gutmann + Co GmbH, Talheim
Printed in Germany

ISBN 3-7863-4103-6

Gebrauchsanleitung für dieses Buch

Der Krieg gegen Nazi-Deutschland ließ die Gegensätze zwischen der Sowjetunion und den westlichen Alliierten für einige Jahre zurücktreten. Doch schon bei den Verhandlungen zum Potsdamer Abkommen zeichneten sich die unterschiedlichen Vorstellungen hinsichtlich einer Gestaltung Nachkriegsdeutschlands ab. Die daraufhin erfolgende schrittweise Spaltung Deutschlands, die erstarrenden Gegensätze in der Zeit des Kalten Krieges bis hin zur vorsichtigen Annäherung unter der sozial-liberalen Koalition und dem Zerfall des Ostblocks sind die Themen dieses Bandes. Besondere Aufmerksamkeit wird der unmittelbaren Phase bis zur Vollendung der deutschen Einheit gewidmet. Die Entwicklung in beiden deutschen Staaten auf politischem und gesellschaftlichem Gebiet wird dabei möglichst parallel betrachtet.

Die **Einführungen** zu den Kapiteln bieten dem eiligen Leser einen kompakten Überblick der Ereignisse im behandelten Zeitraum. Wer für Klausuren üben möchte, der findet im Anschluss eine oder mehrere **Quellen** zu zentralen Fragestellungen, die gern in Prüfungen verwendet werden. Zu den daran geknüpften Arbeitsaufträgen werden am Ende des Buches **Musterlösungen** angeboten. Ihre Bearbeitung kann mündlich oder auch schriftlich erfolgen. In jedem Fall eignen sie sich für die konkrete Prüfungsvorbereitung.

In der **Chronologie** werden die wichtigsten Fakten und Ereignisse aufgelistet. Sie bietet damit einen knappen Überblick für ein unentbehrliches Hintergrundwissen. Wer sich zu bestimmten Ereignissen und Begriffen genauer informieren möchte, findet in den **Sachinformationen** Antwort auf so manche Unklarheit.

Um die wiederholten oder erarbeiteten Informationen noch einmal vor Augen zu haben, sollte ein Blick auf die grafisch gestalteten **Zusammenfassungen** geworfen werden. Wie ein Tafelbild oder ein geschickt angelegter Spickzettel bieten sie noch einmal alle Fakten und Zusammenhänge auf einen Blick.

Geschichtliche Kenntnisse entnehmen wir Quellen. Umso wichtiger ist es, mit diesen Medien angemessen umgehen zu können. Im Kapitel zur **Methodik** kann dies am Beispiel der Demoskopie und Arbeit mit Fotografien eingesehen werden.

Diese Lernhilfe bietet somit ein breites Angebot zum Nachschlagen, Vertiefen und Üben und verhilft Ihnen hoffentlich zu einer sehr guten Note im Fach Geschichte.

Inhaltsverzeichnis

E Die sozial-liberale Koalition (1969 – 1983)

F Die DDR unter Honecker (1971 – 1985)

G Der Weg zur deutschen Einheit

H Methodik

I Musterlösungen zu den Arbeitsaufträgen

A Von der Anti-Hitler-Koalition zum Ost-West-Konflikt

1. Einführung

Neubeginn oder Restauration?

Der 8. Mai 1945, der Tag der bedingungslosen Kapitulation der Wehrmacht, beendet die nationalsozialistische Diktatur in Deutschland und den von Deutschland ausgelösten Zweiten Weltkrieg. Das Land ist in großen Teilen zerstört, die Produktion erreicht nur noch einen Bruchteil des Vorkriegsstandes, die Infrastruktur ist weitgehend lahmgelegt, Millionen Menschen sind auf der Flucht und Millionen deutscher Soldaten befinden sich in Kriegsgefangenschaft. Frauen werden von den Alliierten zu Aufräumarbeiten (so genannte „Trümmerfrauen") herangezogen. Wohnraum ist knapp, weil in den Städten ein Großteil der Häuser zerstört ist. Auch die Nahrungsmittelversorgung ist katastrophal, nachdem die großen Agrarräume im Osten verloren gegangen sind. Der Schwarzhandel blüht und nur, wer Tauschobjekte hat, kann halbwegs durchkommen. Und zu allem kamen die militärische Niederlage und die moralische Diskreditierung durch die schrittweise Offenlegung der nationalsozialistischen Verbrechen. War dies ein Tag der Niederlage oder markiert er die Befreiung von der nationalsozialistischen Diktatur und wie würden die Deutschen diese Chance nutzen? War es überhaupt eine Chance, nachdem sie auch ihre Souveränität an die Siegermächte verloren hatten?

Zwar stellt dieser Tag im Erleben vieler eine krasse Zäsur dar, doch ist er auch eng verbunden mit den Jahren davor und wird heute auch unter Kenntnis der Folgezeit bewertet. Der erste Präsident der neuen Bundesrepublik, Theodor Heuss, sah in diesem Datum „Erlösung und Vernichtung in einem". Einer seiner Nachfolger im Amt, Richard von Weizsäcker, betonte angesichts des 50. Jahrestages der Kapitulation, den 8. Mai nicht losgelöst vom 30. Januar 1933 zu betrachten und ihn insofern vor allem als Tag der Befreiung zu erleben.

Aus Verbündeten werden Gegner

Auf den Kriegskonferenzen beschlossen die Alliierten, den Krieg nur mit der bedingungslosen Kapitulation Deutschlands zu beenden. Allerdings zeichneten sich auch schon vor dem Ende des Krieges unterschiedliche Positionen hinsichtlich der Behandlung des besiegten Deutschland ab. Unklar war insbesondere, ob und in welcher Form eine staatliche Einheit des Landes erhalten werden sollte oder ob Deutschland in weitgehend unabhängige Teilstaaten aufgeteilt werden sollte. Wie aber konnten sich diese Meinungsunterschiede derart verschärfen, dass sie gar in einen „Kalten Krieg" einmündeten?

Bis in die 60er Jahre galt der Erklärungsansatz der so genannten Traditionalisten: Der Kalte Krieg sei das Ergebnis sowjetischer Expansionspolitik in Ost- und Südosteuropa, flankiert von der Bedrohung Westeuropas durch die starken kommunistischen Parteien Frankreichs und Italiens. Diese Politik entspräche der kommunistischen Lehre von der Ausbreitung des Weltkommunismus und der von den Sowjets praktizierten Politik der Vergrößerung ihres Einflussbereichs. Die einsetzende Sowjetisierung des Ostblocks führte letztlich zur Errichtung kommunistischer Diktaturen, auch wenn Stalin noch in Jalta die Erklärung über Selbstbestimmung durch freie Wahlen in ganz Europa unterschrieben hatte.

In den 70er Jahren, vor dem Hintergrund des Vietnamkrieges, kam ein weiterer Erklärungsversuch für den Kalten Krieg hinzu, wonach den USA in einem hohen Maße die Schuld für diesen Konflikt zugesprochen wurde: Sie wollten ihre materiellen Interessen durch einen weltweiten Handels- und Finanzimperialismus durchsetzen, damals bestärkt durch das Bewusstsein, im alleinigen Besitz der Atomwaffen zu sein. Jegliche Form von Sozialisierung wurde abgelehnt. Dies zu verhindern sei auch ein Ziel des Marshall-Plans gewesen, durch den Staaten über die Vergabe von Krediten informell beherrscht werden sollten. Neben finanzieller Hilfe spielte auch die Gewährung militärischer Unterstützung bei der Eindämmung *(containment)* der Ausbreitung des sowjetischen Einflusses eine wichtige Rolle.

Deutlich wurde, dass der Kalte Krieg durch wechselseitige Fehlwahrnehmungen hervorgerufen wurde, die den latenten Konflikt zwischen den beiden ideologisch gegensätzlichen Führungsmächten USA und UdSSR eskalieren ließen. Die Eskalation des Kalten Krieges fand einen unmittelbaren Niederschlag in der Deutschlandpolitik der Besatzungsmächte. Mit zunehmender Verhärtung der Positionen vertiefte sich der Graben zwischen den westlichen Besatzungszonen und der von der Sowjetunion kontrollierten Besatzungszone (SBZ).

2. Die Konferenzen der Alliierten

Datum	Ort	Teilnehmer	Zielsetzung / Ergebnis
Januar 1943	Casablanca	Roosevelt (USA) Churchill (GB)	→ Forderung nach „bedingungsloser Kapitulation" Deutschlands durch Roosevelt; → Ausarbeitung von Grundsätzen zur systematischen Bombardierung Deutschlands
Oktober 1943	Moskau	Alliierte Außenminister- konferenz	Besprechung über eine Zusammenarbeit bis zum Endsieg: → über die Gründung einer übernationalen Organisation, → über allgemeine Entwaffnung nach dem Krieg, → deutsche Kriegsverbrecher sollen vor ein Gericht gestellt werden.
November 1943	Teheran	Die „Großen Drei": Stalin (UdSSR) Roosevelt (USA) Churchill (GB)	→ Entscheidung für die Invasion in Nordfrankreich, → Curzon-Line[1] soll künftige Ostgrenze Polens werden, → Ausdehnung Polens bis zur Oder auf Kosten Deutschlands
November 1944 – Februar 1945	Jalta	„Große Drei"	→ Curzon-Line wird polnische Ostgrenze, → polnische Westgrenze soll in einem Friedens- vertrag festgelegt werden. **Politik gegenüber Deutschland:** → Beseitigung des Nationalsozialismus, → Aufteilung Deutschlands in Besatzungszonen, → Bildung eines Alliierten Kontrollrates, → Demontage von Fabriken, → Reparationszahlungen, → Gebietsabtretungen
Juli – August 1945	Potsdam	Stalin, Truman, (Churchill) Attlee (Nachfolger Churchills als Premier- minister)	→ Entmilitarisierung Deutschlands, → Auflösung der NSDAP und ihrer Unter- organisationen, → Bestrafung der Kriegsverbrecher, → Umgestaltung des Erziehungs- und Gerichtswesens, → Zulassung von demokratischen Parteien und Gewerkschaften, → Umgestaltung des politischen Systems nach demokratischen Grundsätzen auf lokaler Ebene, → Vorbereitung von Wahlen auf Kreis- und Gemeindeebene, → Reparationen durch Demontage, → Festlegung der Grenzlinien

1 Grenzlinie zwischen Sowjetrussland und Polen, die vom britischen Außenminister Lord Curzon 1920 zur Beilegung des polnisch-sowjetischen Krieges vorgeschlagen wurde

Zusammenfassung

USA		**UdSSR**
Eintritt in den Ersten Weltkrieg	**1917**	Oktoberrevolution
Wiederaufnahme der Politik des Isolationismus	**1920 – 1930**	Verzicht auf den „Export" des Sowjetmodells: „Aufbau des Sozialismus in **einem** Land!"
FRIEDEN durch Demokratie und freie Wirtschaftsentfaltung		FRIEDEN durch Weltrevolution und Sozialismus

Westlich-demokratischer Block	Anti-Hitler-Koalition	Kommunistischer Block

„Hitlerdeutschland"
1933 – 1945

| Atomwaffenmonopol (Krieg gegen Japan) | **K a p i t u l a t i o n** **1945** | |

Kriegskonferenzen über das künftige Schicksal Deutschlands

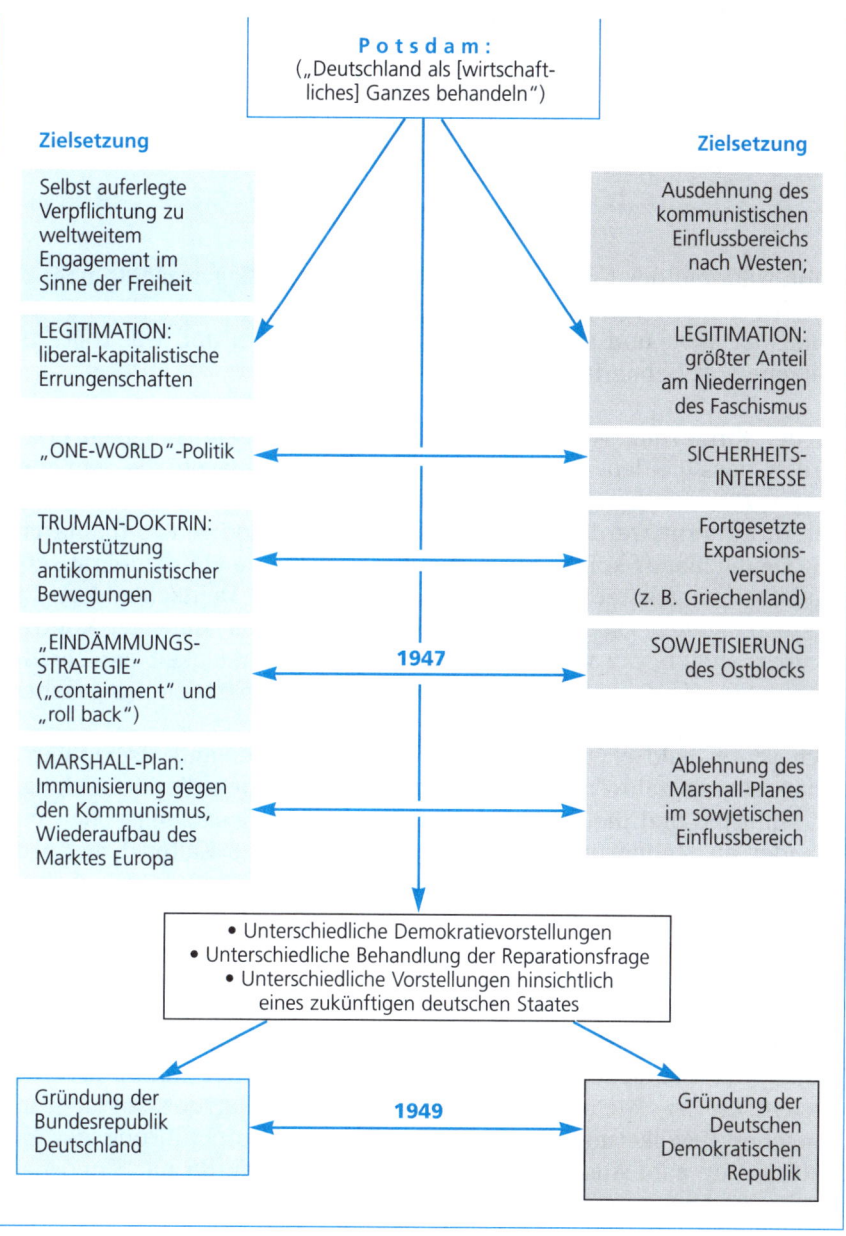

Potsdam:
(„Deutschland als [wirtschaft-
liches] Ganzes behandeln")

Zielsetzung

Selbst auferlegte
Verpflichtung zu
weltweitem
Engagement im
Sinne der Freiheit

LEGITIMATION:
liberal-kapitalistische
Errungenschaften

„ONE-WORLD"-Politik

TRUMAN-DOKTRIN:
Unterstützung
antikommunistischer
Bewegungen

„EINDÄMMUNGS-
STRATEGIE"
(„containment" und
„roll back")

MARSHALL-Plan:
Immunisierung gegen
den Kommunismus,
Wiederaufbau des
Marktes Europa

Zielsetzung

Ausdehnung des
kommunistischen
Einflussbereichs
nach Westen;

LEGITIMATION:
größter Anteil
am Niederringen
des Faschismus

SICHERHEITS-
INTERESSE

Fortgesetzte
Expansions-
versuche
(z. B. Griechenland)

SOWJETISIERUNG
des Ostblocks

Ablehnung des
Marshall-Planes
im sowjetischen
Einflussbereich

1947

• Unterschiedliche Demokratievorstellungen
• Unterschiedliche Behandlung der Reparationsfrage
• Unterschiedliche Vorstellungen hinsichtlich
eines zukünftigen deutschen Staates

Gründung der
Bundesrepublik
Deutschland

1949

Gründung der
Deutschen
Demokratischen
Republik

B Deutschland unter der Besatzungsherrschaft

1. Einführung

Schon während des Krieges berieten die späteren Siegermächte über die Gestaltung einer Nachkriegsordnung in Mitteleuropa: Was sollte mit dem deutschen Staat und seinem Territorium geschehen und wie sollte das deutsche Volk behandelt werden?

Auf der **Konferenz von Potsdam** konnte dahingehend Einigkeit erzielt werden, dass die deutsche Rüstungsindustrie zerschlagen, die deutschen Kriegsverbrecher bestraft und sämtliche ehemalige Nazis aus öffentlichen Ämtern entfernt werden sollten. Nach der vollständigen Entmilitarisierung Deutschlands sollte zunächst auf lokaler Ebene ein demokratischer Neuaufbau eingeleitet werden. Wirtschaftlich sollte Deutschland als Einheit fortbestehen, die Regierungsgeschäfte würde ein Alliierter Kontrollrat übernehmen, der nach dem Prinzip der Einstimmigkeit entscheiden musste. Eine deutsche Zentralregierung war zunächst nicht vorgesehen.

Doch schon bald erwies sich der Versuch, Deutschland als Einheit zu behandeln, als schwer durchführbar. Zu stark wichen die Zielsetzungen der Alliierten und die Zustände in den einzelnen Besatzungszonen voneinander ab. Zudem veränderte die Zuspitzung des Kalten Krieges die Lage, die Ausgangspunkt der Überlegungen von Potsdam war. Schrittweise übertrugen die einzelnen Mächte ihr politisches System auf ihre jeweilige Zone. (Stalin: „Wer ein Gebiet erobert, zwingt ihm auch sein eigenes Gesellschaftssystem auf.")

Die amerikanische Besatzungspolitik war ursprünglich von der Niederhaltung der Deutschen geprägt, was in den einzelnen Militärdirektiven hinsichtlich der „Nichtverbrüderung" zwischen Besatzungssoldaten und deutscher Bevölkerung und der konsequenten Durchführung der Entnazifizierung zum Ausdruck kam. Diese Haltung wurde nach und nach durch eine eher pragmatische Politik ersetzt. Die Deutschen sollten der

Besatzungsmacht finanziell möglichst wenig zur Last fallen. Das Prinzip der „Graswurzeldemokratie", einer zunehmenden Einbeziehung von Deutschen bei Selbstverwaltungsaufgaben, fand seinen politischen Ausdruck in der Zulassung erster Parteien auf kommunaler und Landesebene.

In der britischen Zone herrschte besonders große Not, verschärft durch die Tatsache, dass Frankreich und die Sowjetunion Sonderregelungen für die Behandlung des auf britischem Gebiet liegenden Ruhrgebietes verlangten. Die Aufforderung, unbelastete Deutsche für die Selbstverwaltung auf kommunaler Ebene einzusetzen, sollte den Boden bereiten für eine Demokratisierung der britischen Zone und damit auch zu einer Entlastung der britischen Verwaltung beitragen. Relativ früh hatte Großbritannien die kommunistische Gefahr für ganz Deutschland erkannt, weshalb es zusammen mit den USA eine auf die Gründung eines Weststaates zielende Politik betrieb und dabei bewusst eine Konfrontation mit der Sowjetunion in Kauf nahm.

Frankreichs Politik war vorrangig von seinem Sicherheitsbedürfnis gegenüber Deutschland geprägt. Besonders vehement widersetzte es sich allen Versuchen, einen deutschen Zentralstaat entstehen zu lassen. Stattdessen sollten das föderalistische Element stark betont und auch ein wirtschaftliches Erstarken Deutschlands verhindert werden. In diesem Zusammenhang ist das französische Interesse an Reparationen, an einer internationalen Verwaltung des Ruhrgebietes und an der Abtrennung des Saarlandes zu sehen.

Die Besatzungspolitik der Sowjetunion war geprägt von der Forderung nach möglichst umfassenden Reparationen für die erlittenen Kriegsschäden. Insofern hielt sie an einer Behandlung Deutschlands als wirtschaftliche Einheit fest, um sich dadurch den Zugriff auf Demontagen und Produktionsentnahmen aus dem Ruhrgebiet zu sichern. Während die westlichen Besatzungsmächte der Überzeugung waren, ein deutsches demokratisches Staatswesen müsse von „unten" nach „oben" wachsen, verordnete die sowjetische Militäradministration (SMAD) in ihrer Zone schon kurz nach der Kapitulation eine straffe Zentralverwaltung und nach der systematischen Entfernung ehemaliger nationalsozialistischer Amtsträger ein antifaschistisches Parteiensystem. Durch eine Bodenreform und die Verstaatlichungen in der Wirtschaft sollte die SBZ dem sowjetischen

Vorbild angeglichen werden. Unterstützt wurden diese Maßnahmen durch eingeschleuste deutsche Exilkommunisten, die in den neu geschaffenen Verwaltungsinstitutionen Schlüsselpositionen besetzten. Ziel der Sowjetunion war es, in ganz Deutschland eine sozialistische Staats- und Eigentumsordnung durchzusetzen.

2. Das Potsdamer Abkommen

T 1 / Aus dem
Potsdamer Abkommen

1 **III. Über Deutschland**
A. Politische Grundsätze
(1) Im Einklang [...] wird die
oberste Gewalt in Deutschland
5 von den Oberbefehlshabern der
Streitkräfte [...] ausgeübt [...]
(2) Soweit es durchführbar ist,
unterliegt die deutsche Bevölkerung in ganz Deutschland einer
10 einheitlichen Behandlung.
(3) Die Ziele [...], die dem Kontrollrat als Leitlinie dienen, sind:
I. die vollständige Entwaffnung
und Entmilitarisierung,
15 II. das deutsche Volk davon zu
überzeugen, daß es [...]
sich nicht der Verantwor-
tung für das entziehen kann,
was es selbst über sich her-
20 aufbeschworen hat [...],
III. [...] jede nazistische und
militaristische Betätigung
oder Propaganda zu verhindern ...,
25 IV. den späteren Wiederaufbau
des deutschen politischen
Lebens auf demokratischer
Grundlage ... vorzubereiten
[...].

30 (9) Die Verwaltung Deutschlands soll auf eine politische
Dezentralisierung und den Aufbau von ... örtlichen Verwaltungsstellen gerichtet sein. Zu
35 diesem Zwecke
I. sollen ... überall in Deutschland örtliche Verwaltungs-
körper, die vom Volk selbst
auf demokratischer Grund-
40 lage [...] gebildet sind, wiederhergestellt werden;
II. sollen überall in Deutschland
alle demokratischen Partei-
en [...] erlaubt und gefördert
45 werden;
IV. [...] soll im gegenwärtigen
Zeitpunkt keine deutsche
Zentralregierung gebildet
werden.

50 *B. Wirtschaftliche Grundsätze*
(11) Mit dem Ziele der Vernichtung des deutschen Kriegspotentials ist die Produktion von Waffen [...] zu verbieten
55 und zu unterbinden.
(12) In praktisch kürzester Frist ist das deutsche Wirtschaftsleben zu dezentralisieren mit dem Ziel der Vernichtung der
60 bestehenden übermäßigen Konzentration der Wirtschaftskraft [...].
(13) Bei der Organisation des deutschen Wirtschaftslebens ist
65 das Hauptgewicht auf die Entwicklung der Landwirtschaft und der Friedensindustrie für den inneren Bedarf zu legen.
(14) Während der Besatzungs-
70 zeit wird Deutschland als eine einzige wirtschaftliche Einheit behandelt.

V. Reparationen aus Deutschland

75 [Jede Besatzungsmacht entnimmt ihre Reparationen aus ihrer Zone. Die SU erhält zusätzlich] aus den westlichen Zonen [bestimmte Güter.] ...

(Nach K. Hohlfeld [Hrsg.]: Dokumente der deutschen Politik und Geschichte von 1848 bis zur Gegenwart. Bd. 6, Berlin o. J., S. 26 ff.)

Arbeitsaufträge

1. *Strukturieren Sie anhand von Leitbegriffen den Text inhaltlich.*

2. *Suchen Sie im Text nach Formulierungen, die auf offene Fragen hinweisen.*

3. *Suchen Sie die Textstellen, in denen auf Deutschland als Einheit abgehoben wird.*

**T 2 / George F. Kennan,
US-Botschaftsrat in Moskau
1944 – 46**

1 „Ich kann mich an kein politisches Dokument erinnern, das mich je so deprimiert hätte [...]. Auch die unpräzise Ausdrucksweise, die Verwendung so dehnbarer Begriffe wie ‚demokratisch‘, ‚friedlich‘, ‚gerecht‘ in einem Abkommen mit den Russen lief allem direkt zuwider, 10 was 17 Jahre Rußlanderfahrung mich über die Technik des Verhandelns mit der sowjetischen Regierung gelehrt hatten. Die Behauptung zum Beispiel, wir 15 würden zusammen mit den Russen das deutsche Erziehungswesen ‚nach demokratischen Richtlinien‘ umformen, ließ Rückschlüsse zu, die nach 20 allem, was wir von der Geisteshaltung der sowjetischen Führer und den damaligen russischen Erziehungsgrundsätzen wußten, völlig ungerechtfertigt 25 waren. [...] Jeder Mensch in Moskau hätte unseren Unterhändlern sagen können, was die

sowjetische Führung unter ‚demokratischen Parteien‘ ver-30 stand. Die Irreführung der Öffentlichkeit in Deutschland und dem Westen durch die Verwendung eines solchen Ausdrucks in einem Dokument, das außer 35 von Stalin auch von den Herren Truman und Attlee unterzeichnet war, ließ sich selbst mit allergrößter Naivität nicht entschuldigen.“

(Nach: Eschenburg, Theodor [Hrsg.]: Jahre der Besatzung 1945 – 1949. Stuttgart – Wiesbaden 1983, S. 51 f.)

Arbeitsaufträge

1. *Welche Kritik äußert Kennan am Potsdamer Abkommen und wie begründet er sie?*

2. *Unterziehen Sie die Aussagen Kennans einer Prüfung. Gab ihm die Entwicklung der unmittelbaren Nachkriegszeit Recht (siehe Chronologie / Sachinformationen)?*

CHRONOLOGIE

Gesamtdeutschland

1945

7./8. Mai: Bedingungslose
Kapitulation des
Deutschen Reiches;
Frankreich wird das Recht
auf eine eigene Besatzungs-
zone zugestanden;
Aufteilung Berlins in
vier Sektoren;

17. Juli – 2. August:
Potsdamer Konferenz;
Beginn der Nürnberger
Kriegsverbrecherprozesse;
Moskauer Außenminister-
konferenz. Die Außenminister
der USA, GB und der SU
versuchen entstandene
Gegensätze auszuräumen.

1946

Pariser Außenministerkonferenz
(USA, GB, SU, F):
Wachsende Uneinigkeit
über die Behandlung
Deutschlands (Saarfrage,
Ruhrkontrolle, **Reparationen**)
kann nicht beigelegt werden.
Byrnes-Rede in Stuttgart

1947

Außenministerkonferenz
in London: Keine Einigung
über ein gemeinsames Vorgehen
in Deutschland

Westzonen

1945
Zulassung von Parteien
in der US-Zone;
Bildung von Ländern
in den Westzonen

1946
Gemeinderatswahlen;
Landtagswahlen;
Auflösung Preußens,
Schaffung neuer Länder

1947
Abkommen über die Bildung
einer **Bi-Zone** (USA / GB);
Marshall-Plan;
Bi-Zonen-Wirtschaftsrat
wird eingesetzt

Ostzone

1945
Gruppe Ulbricht wird in der
SBZ eingesetzt (Aufbau neuer
Gemeindeverwaltungen);
Zulassung antifaschistischer
Parteien;
Schaffung dreier neuer Länder
Thüringen, Sachsen, Mecklen-
burg (1947 kamen Brandenburg
und Sachsen-Anhalt dazu);
Einrichtung elf deutscher
Zentralverwaltungen zur
Lenkung aller Wirtschafts-
zweige nach sowjetischem
Muster;
Verstaatlichung von Banken,
Sparkassen und Versicherungen;
„Bodenreform" = Enteignung
des Grundbesitzes von
Naziverbrechern;
Übergabe an Flüchtlinge

1946
April: Zwangsvereinigung
von KPD und SPD zur SED;
Enteignung der
Industriebetriebe

SACHINFORMATIONEN

Alliierter Kontrollrat

Nach der Absetzung der „geschäftsführenden Reichsregierung" des Großadmirals Dönitz übernahmen die Alliierten am 8./9. Mai 1945 die Macht. Ein Alliierter Kontrollrat der militärischen Oberbefehlshaber mit Sitz in Berlin sollte alle Deutschland als Ganzes betreffenden Fragen regeln. Beschlüsse mussten einstimmig getroffen werden. Er nahm seine Arbeit am 30. Juli 1945 auf und stellte sie am 20. März 1948 wieder ein, nachdem sich der sowjetische Militärgouverneur aus dem Gremium zurückgezogen hatte.

Bi-Zone

Um den ökonomischen Aufschwung in ihren Zonen zu beschleunigen, vollzogen Briten und Amerikaner am 1. Januar 1947 den wirtschaftlichen Zusammenschluss ihrer beiden Besatzungszonen. Sie richteten fünf zentrale Verwaltungsstellen für Wirtschaft, Finanzen, Ernährung, Landwirtschaft, Post und Verkehrswesen ein.

Byrnes-Rede

Der amerikanische Außenminister Byrnes bekundete am 6. September 1946 in einer Rede in Stuttgart den Willen der USA, Deutschland als wirtschaftliche Einheit zu betrachten. Als Konsequenz daraus kündigte er die Bildung einer Bi-Zone zum 1. Januar 1947 an. So bald wie möglich sollten die Deutschen wieder politische Verantwortung übernehmen, indem eine vorläufige deutsche Regierung gebildet werde. Dabei machte er deutlich, dass die Amerikaner dem deutschen Volk helfen wollten, „seinen Weg zurückzufinden zu einem ehrenvollen Platz unter den freien und friedliebenden Nationen der Welt".

Entnazifizierung

Versuch, das politisch-gesellschaftliche Leben in Deutschland von nationalsozialistischen Einflüssen zu befreien. Die E. war auf der Potsdamer Konferenz beschlossen worden. Die NSDAP und ihre angeschlossenen Unterorganisationen wurden durch den Alliierten Kontrollrat aufgelöst, Nazipropaganda verboten und führende Nationalsozialisten vor Gericht gestellt (Nürnberger Prozesse). Das deutsche Volk sollte zur Wiedergutmachung herangezogen und für die Demokratie gewonnen werden. Mithilfe eines Fragebogens mit 131 Fragen versuchte man in der amerikanischen Besatzungszone den Belastungsgrad ehemaliger Nazis zu ermitteln und entsprechend zu sühnen. Die E. ist in den Besatzungszonen mit unterschiedlicher Intensität praktiziert worden. Es erwies sich auch als außerordentlich schwierig, die jeweilige persönliche Schuld einwandfrei festzustellen. Der Versuch einer juristischen Vergangenheitsbewältigung scheiterte letztlich. 1950 wurde die Entnazifizierung durch einen Beschluss des Bundestags beendet.

Gruppe Ulbricht

Der ehemalige Reichstagsabgeordnete der KPD, Ulbricht, war während des Nationalsozialismus nach Moskau geflohen. Er war Leiter einer Emigrantengruppe, die am 30. April 1945 Moskau in einem Sonderflugzeug verließ, um in Deutschland die sowjetischen Besatzungsbehörden beim Aufbau der Verwaltungen zu unterstützen. Es kam Ulbricht darauf an, die „entscheidenden Posten" zu besetzen, dabei aber den Schein demokratischer Methoden zu wahren. So sicherten sich die Kommunisten die politischen Schlüsselpositionen (Bürgermeister, Polizeichef, Personaldezernent).

Marshall-Plan

(European Recovery Program, ERP). Initiiert vom US-Außenminister George Marshall, sollte durch die Hilfe eine planmäßige und systematische Wiederherstellung und Neuordnung der wirtschaftlichen Verhältnisse in Europa vorangetrieben werden. Es sollten Hunger und Versorgungsengpässe in Europa beseitigt, den USA leistungsfähige Handelspartner zurückgewonnen und die Einigung Europas auf parlamentarisch-demokratischer Grundlage gefördert werden. Und schließlich sollte auch ein weiteres Vordringen des Kommunismus durch die Stärkung Westeuropas verhindert werden. Ursprünglich waren die Kredithilfen auch für die Länder des Ostblocks vorgesehen, was die Sowjetunion nach anfänglichem Interesse ablehnte, weil es im Rahmen eines gesamteuropäischen Wirtschaftskonzepts erfolgen sollte. Die Hilfe in Form von Sachlieferungen und Krediten förderte in einem hohen Maße den wirtschaftlichen Wiederaufbau, besonders Westdeutschlands.

Oder-Neiße-Linie

Schon auf der Konferenz von Jalta (→ A1) hatten die Westmächte der sowjetischen Forderung einer Westverschiebung des polnischen Territoriums zugestimmt. Auf der Potsdamer Konferenz wurde den von der Sowjetunion inzwischen geschaffenen Tatsachen entsprochen (Abtretung der deutschen Ostgebiete an Polen, Gültigkeit der Oder-Neiße-Linie und Umsiedlung der dort lebenden Bevölkerung).

Die endgültige Festlegung der deutsch-polnischen Grenze sollte in einem Friedensvertrag mit Deutschland geregelt werden. Die von der Sowjetunion durchgeführte Umsiedlung und Vertreibung der deutschen Bevölkerung hatte jedoch aus der Oder-Neiße-Linie ein politisches Faktum gemacht.

Policy of containment

Die Warnung des Botschaftsrats an der amerikanischen diplomatischen Vertretung in Moskau, George F. Kennan, dass Stalins Regime autoritär und expansiv sei, führte letztlich zu einem grundlegenden Wandel der amerikanischen Politik gegenüber der Sowjetunion. Kennan forderte in seiner Analyse eine „policy of containment" (Eindämmungspolitik) gegenüber der Sowjetunion, um westliche Demokratien vor dem Kommunismus zu schützen. Diese Position wurde schließlich vom amerikanischen Präsidenten in der nach ihm benannten → Truman-Doktrin formuliert.

Reparationen

Aufgrund der negativen weltwirtschaftlichen Folgen der Reparationsregelung nach dem Ersten Weltkrieg einigten sich die Alliierten in Potsdam darauf, ihre Forderungen hauptsächlich als Sachleistungen aus ihren jeweiligen Besatzungszonen zu entnehmen in Form von Demontagen und Warenlieferungen aus der laufenden Produktion. Die Sowjetunion erhielt daneben noch einen Anspruch auf 15% der Demontagen in den westlichen Besatzungszonen.

Saargebiet

In Potsdam wurde in einem eigenen Abkommen der Status des Saargebietes festgelegt: Abtrennung von Deutschland mit eigener Verwaltung unter französischem Protektorat und wirtschaftlicher Anschluss an Frankreich. Erst 1957 wurde das Saargebiet in die Bundesrepublik Deutschland eingegliedert.

Truman-Doktrin

→ Policy of containment. Am 12. März 1947 verkündete US-Präsident Truman vor dem amerikanischen Kongress, dass die USA alle freien Staaten militärisch und finanziell gegen die Gefahr eines Umsturzes von innen oder von außen unterstützen werden. Als erste Konsequenz daraus bewilligte der Kongress 400 Millionen Dollar für Griechenland und die Türkei, damit sie dem sowjetischen Druck standhalten konnten. Auch der Marshall-Plan ist als Konsequenz dieser Doktrin zu sehen. Diese Politik führte in der Folge zu einer zunehmenden Konfrontation mit der Sowjetunion und mündete schließlich in den Kalten Krieg ein.

Vertreibung und Flucht

Aus Angst vor der Roten Armee flohen zahlreiche Deutsche aus Ost- und Südosteuropa in Richtung Westen. Später setzte die Vertreibung und Aussiedlung ein, der bis 1947 mehr als 10 Millionen Menschen zum Opfer fielen. Über 2 Millionen Menschen sollen nach Schätzungen dabei ihr Leben verloren haben.

Zusammenfassung

Aufbrechen
ideologischer
Gegensätze

← **8. Mai 1945**
Bedingungslose Kapitulation
des Deutschen Reiches –
Kontrolle Deutschlands durch
die Alliierten
(Alliierter Kontrollrat) →

Potsdamer
Abkommen
regelt die
Behandlung
Nachkriegs-
deutschlands

Soziale Folgen
➡ Flucht und
   Vertreibung
➡ Hunger und Ver-
   sorgungsengpässe
➡ Entnazifizierung
➡ Wohnraummangel
➡ Kriegsgefangenschaft

Politische Folgen
➡ Entmilitarisierung
➡ Demokratisierung
➡ Gebietsabtretungen
➡ Zentrale deutsche
   Verwaltungsstellen
➡ neue Parteien und
   Gewerkschaften

Wirtschaftliche Folgen
➡ Reparationen
➡ Demontage und
   Produktions-
   entnahmen
➡ Behandlung Deutsch-
   lands als wirtschaft-
   liche Einheit
➡ Schwarzmarkt

Unterschiedliche Ziele der vier Besatzungsmächte:

USA
• Wirtschaftliches Überleben
  Deutschlands
• Deutsche
  Eigenverantwortlichkeit
• Bundesstaat

GB
• Bollwerk gegen
  den Kommunismus
• Vorläufige Oder-Neiße-Linie
• Bundesstaat

Frankreich
• Sicherheitsbedürfnis
• Schwächung Deutschlands
• Gegen eine Zentralregierung
• Abtretung des Saargebietes

Politischer Neuanfang in den vier Besatzungszonen

• Entnazifizierung
• Zulassung politi-
  scher Parteien
• Konstituierung
  von Ländern
• Wahlen auf
  Kommunal- und
  Landesebene

• Zulassung politi-
  scher Parteien
• Konstituierung
  von Ländern
• Wahlen auf
  Kommunal- und
  Landesebene

Bi-Zone

Tri-Zone

Sowjetunion
- Weitgehende Kontrolle ganz Deutschlands („Sprungbrett zum Atlantik")
- Reparationen auch aus den westlichen Besatzungszonen (Ruhrgebiet)
- Schwächung Deutschlands als Sicherheitsgarantie
- Sowjetisierung der SBZ
- Endgültigkeit der Oder-Neiße-Linie

- Zulassung von Parteien
- „Säuberung der Gesellschaft"
- Einrichtung von Ländern
- Zentralverwaltung
- Bodenreform
- Zwangsvereinigung KPD und SPD zur SED
- Kommunal- und Landtagswahlen

Sowjetisch besetzte Zone (SBZ)

C Die Gründung zweier deutscher Staaten

1. Einführung

Zunehmende Spannungen zwischen Ost und West

Am 20. März 1948 verließ der sowjetische Militärgouverneur Sokolowskij den Alliierten Kontrollrat, der laut Potsdamer Abkommen eine „angemessene Einheitlichkeit" politischen Handelns herbeiführen sollte. Die Spaltung Deutschlands zeichnete sich damit immer deutlicher ab.

Schon 1946 war das Misstrauen der Westmächte angesichts der sowjetischen Expansionsbestrebungen in Ost- und Südosteuropa angewachsen. Churchills Ausspruch eines „Eisernen Vorhangs", mit dem die Sowjets jegliche Einflussnahme des Westens in Osteuropa unterbunden hatten, brachte das zunehmend auseinander klaffende Verhältnis zwischen Ost und West auf einen Nenner. Die USA engagierten sich als Folge davon militärisch und finanziell stärker und dauerhaft in Europa. Den westlichen Besatzungszonen wurde angesichts des sich anbahnenden Gegensatzes zur UdSSR eine neue Rolle zugewiesen. Nicht mehr die Schwächung Deutschlands war das vorrangige Ziel, sondern die wirtschaftliche und politische Stabilisierung des Landes, das unmittelbar an den Eisernen Vorhang grenzte. Diesem Zweck dienten die Bildung der Bi-Zone, die Einbeziehung in den **Marshall-Plan** und die überfällige Währungsreform.

Währungsreform und Berlin-Blockade

Eine Neuordnung der Währung war Voraussetzung dafür, dass die deutsche Wirtschaft durch Kredite des Marshall-Plans angekurbelt werden konnte. Überlegungen dahingehend bestanden schon seit einigen Jahren. Es waren schließlich die Amerikaner, durch die die neue Währung DM eingeführt wurde und zu einem kräftigen Anschub des Warenverkehrs praktisch über Nacht sorgte. Der Währungsreform in den drei Westzonen folgte eine in der SBZ, sodass damit einer Behandlung Deutschlands als „einheitlichem Wirtschaftsraum" ein Ende gesetzt wurde. Da die Sowjetische Militäradministration (SMAD) die Ostwährung auch in Berlin durchsetzen wollte, blockierte sie sämtliche Zufahrtswege zu der viergeteilten Stadt, worauf die Amerikaner wiederum eine Luftbrücke aufbauten, um die Bevölkerung zu versorgen. Dadurch gewannen sie die Sympathie der Bevölkerung und die Sowjets verloren in gleichem Maße an Ansehen. Die Spaltung des Landes war nun nicht mehr abzuwenden.

Das Grundgesetz und die Gründung der DDR

Im Februar/März 1948 tagten die Alliierten Westmächte zum ersten Mal ohne die Sowjetunion, aber unter Einbeziehung der Benelux-Staaten in London. Als Leitlinien für die zukünftige Deutschlandpolitik wurden die Ergebnisse als **„Frankfurter Dokumente"** den deutschen Ministerpräsidenten übergeben. Darin wurden sie aufgefordert eine verfassungsgebende Versammlung einzuberufen, eine Neugliederung der Länder vorzuschlagen und gleichzeitig erhielten sie die Grundzüge eines Besatzungsstatuts. Nach anfänglichem Widerstand entwarf ein Verfassungskonvent aus Vertretern der Länder die Vorlage für eine künftige Verfassung, die von einem **Parlamentarischen Rat** beraten und verabschiedet werden sollte. Um die Vorläufigkeit der Verfassung zu unterstreichen, einigte man sich darauf, sie **Grundgesetz** zu nennen.

Parallel dazu hatte sich die **Volkskongressbewegung** in der SBZ die Aufgabe gestellt, eine Einrichtung für ganz Deutschland zu schaffen. Da die Volkskongressbewegung jedoch keine demokratische Legitimation hatte, fand sie nur wenig Akzeptanz. Der dritte Volkskongress bestätigte schließlich im Mai 1949 einen von der SED ausgearbeiteten Verfassungsentwurf. Und am 7. Oktober 1949, dem Gründungstag der DDR, war die Teilung Deutschlands besiegelt.

2. Die Währungsreform

T 1 / Kaufwunder

1 Die Deutschen hatten am Sonntag nach stundenlangem Anstehen in Warteschlangen, die manchmal über 100 Meter lang
5 waren, ihre 40 D-Mark in Empfang genommen, [...] voller Skepsis, ob ihnen damit auch wirklich Kaufkraft an die Hand gegeben war.
10 Am nächsten Morgen dann trauten sie ihren Augen nicht: Siehe da, die Heinzelmännchen hatten den Tisch gedeckt. In den Schaufenstern und Regalen der
15 Geschäfte türmten sich die Waren geradezu. Nicht der alte Ramsch [...], nein, Kochtöpfe, Fahrräder, Schnürsenkel, Glühbirnen, die Dinge, für die man
20 früher von Geschäft zu Geschäft gelaufen war und doch vergeblich, alles war plötzlich wieder da. Und die Händler [...] bedienten plötzlich wieder freundlich
25 und zuvorkommend. Es war wie im Märchen, ein Wunder war geschehen.

Ein Jahr angestauter Konsumbedarf brach sich nun Bahn.
30 Viele Konsumenten gerieten bei dem Erlebnis, mit dem neuen Geld wirklich etwas kaufen zu können, in Rauschzustände. Und die Händler hatten nichts
35 eiligeres zu tun, als mit den frisch verdienten D-Mark sich bei Großhandel und Produzenten mit neuen Waren einzudecken. [...]

(Willenborg, Karl-Heinz, in: Weber, Jürgen: 30 Jahre Bundesrepublik Deutschland. Band II. München 1979, S. 186)

T 2 / Beschluss des Zentralkomitees der SED vom 22. Juni 1948

1 In der Sowjetischen Besatzungszone Deutschlands werden die sich als notwendig erweisenden Gegenmaßnahmen unter grund-
5 sätzlich anderen Bedingungen erfolgen. Die Konzern- und Bankherren, Kriegsverbrecher und Großgrundbesitzer sind enteignet. Das werktätige Volk
10 hat die Staatsverwaltung in den Händen. Durch die Überprüfung aller alter Konten über 3000.– RM [...] werden mit der Währungsreform die noch vorhande-
15 nen Kriegsgewinne vollständig beseitigt. Die durch Schwarzmarktgeschäfte und Spekulationen erschobenen Gelder werden mit Hilfe der Überprüfung
20 aller neuen Konten über 5000.– RM eingezogen. Durch diese Maßnahmen werden auf Kosten der Kriegsgewinnler und Schieber gesunde Geldverhältnisse
25 geschaffen, und es wird dem demokratischen Aufbau und der Friedenswirtschaft gedient.

(Dokumente der SED. Beschlüsse und Erklärungen des Zentralkomitees sowie seines Politbüros. Berlin 1951 ff., Bd. 2, S. 16 ff.)

Arbeitsaufträge

1. Welche Einschätzung der Währungsreform vermittelt Text 1?

2. Informieren Sie sich anhand der Sachinformationen über die Einführung der D-Mark. Halten Sie die Reform für gerecht?

3. Welche Bewertung der Währungsreform West geht aus dem Beschluss der SED hervor und welche Maßnahmen sollten stattdessen in der SBZ durchgeführt werden?

4. Beurteilen Sie die „doppelte" Währungsreform vor dem Hintergrund der Potsdamer Bestimmung, Deutschland als „wirtschaftliche Einheit" zu behandeln.

CHRONOLOGIE

Westliche Besatzungszonen	*Sowjetische Besatzungszone*
1948	**1948**

16. Juni: Westliche Besatzungszonen werden der OEEC, der Organisation für europäische wirtschaftliche Zusammenarbeit, eingegliedert

18. Juni: Die Oberbefehlshaber der Westzonen verkünden Währungsreform; Währungsgesetz

20. Juni: Einführung der D-Mark

Emissionsgesetz: „Bank deutscher Länder" erhält das Notenausgaberecht

23. Juni: SMAD verkündet Währungsreform für die SBZ

23./24. Juni: Blockade Berlins: Sperrung des gesamten Personen- und Güterverkehrs nach Berlin, Einstellung der Stromlieferungen aus dem Ostsektor und Unterbindung der Lebensmittelzufuhr aus der SBZ nach Berlin. Die Blockade wurde am 12. Mai 1949 abgebrochen.

---

24. Juni: Alte Reichsmark- und Rentenscheine mit aufgeklebten Kupons gelten als neues Zahlungsmittel

26. Juni: Gesetz zur Umstellung der Währung

28. Juni: Ablieferung des Altgeldes

Juli: Ausgabe neuer Geldscheine, der Deutschen Mark der Deutschen Notenbank

SACHINFORMATIONEN

Marshall-Plan
siehe Kapitel B

Schwarzmarkt
Auf dem so genannten Schwarzmarkt konnten über die streng rationierte Zuteilung von Waren hinaus Luxusgüter und Güter des täglichen Lebens beschafft werden. Die hierfür geforderten Preise übertrafen die von den Behörden festgeschriebenen Preise bei weitem. Eine begehrte Währung des Schwarzmarktes waren (amerikanische) Zigaretten.

Offizielle Preise und Schwarzmarktpreise 1946/47
(Monatslohn eines Arbeiters 1945 – 48: ca. 120 – 150 RM)

	Offizieller Preis in RM	Schwarzmarktpreis in RM
1 kg Fleisch	2,20	60 – 80
1 kg Brot	0,37	20 – 30
20 US-Zigaretten	2,80	70 – 100
1 Paar Schuhe (Leder)		500 – 800
1 Fahrrad		1500
1 Glühbirne		40
1 kg Milchpulver		140 – 160

(Nach: Informationen zur politischen Bildung Nr. 224, S. 24)

Währungsreform (West)
Die Deutsche Mark (DM) wurde von der neu geschaffenen Bank Deutscher Länder als neue Währung ausgegeben.
Jeder Bürger erhielt am 20. Juni 1948 für 60 Reichsmark 40 DM, das so genannte „Kopfgeld". Einen Monat später händigte man nochmals 20 DM aus. Alle Guthaben in Reichsmark wurden umgetauscht. Für 1000 RM sollte es 100 DM geben, wobei zunächst nur die Hälfte der DM-Summe vorhanden war. Von der zweiten Hälfte wurden später nur 15 statt 50 DM ausbezahlt, sodass die tatsächliche Entwertung eines Sparvermögens 100 : 6,5 betrug.
Schulden wurden ebenfalls im Verhältnis 10 : 1 umgewechselt. Mieten, Löhne und Renten waren im Verhältnis 1 : 1 zu zahlen. Sachwerte, Aktien und Immobilien blieben von jeglicher Abwertung ausgenommen. Einige Zahlungsverpflichtungen (Arbeitseinkommen, Renten, Mieten) wurden 1 : 1, die meisten Schuldverhältnisse 10 : 1 umgestellt.
Die Währungsreform, die auf der Sechsmächtekonferenz in London vom 23. Februar bis 6. März 1948 beschlossen wurde, bedeutet eine klare Entscheidung für die westliche Marktwirtschaft und ermöglichte, Deutschland in die Marshall-Plan-Hilfe miteinzubeziehen.

Währungsreform (Ost)

In der SBZ wurde ebenfalls ein „Kopfgeld" ausbezahlt: Jede Person erhielt für 70 RM im Verhältnis 1 : 1 Ostmark. Weitere Guthaben wurden 10 : 1, Sparguthaben bis 100 RM 1 : 1, bis 50 000 RM 5 : 1, darüber 10 : 1 eingetauscht. Alle Konten mit höheren Beträgen wurden auf ihre Herkunft überprüft. Geldvermögen von ehemaligen Nationalsozialisten wurden konfisziert. Grundbesitz wurde in Volkseigentum überführt.

3. Grundgesetz und Verfassung der DDR

T 1 / Präambel des Grundgesetzes der Bundesrepublik Deutschland (23. Mai 1949)

1 Im Bewußtsein seiner Verantwortung vor Gott und den Menschen, von dem Willen beseelt, seine nationale und staat-
5 liche Einheit zu wahren und als gleichberechtigtes Glied in einem vereinten Europa dem Frieden der Welt zu dienen, hat das Deutsche Volk in den Län-
10 dern [Aufzählung folgt], um dem staatlichen Leben für eine Übergangszeit eine neue Ordnung zu geben, kraft seiner verfassungsgebenden Gewalt die-
15 ses Grundgesetz der Bundesrepublik Deutschland beschlossen. Es hat auch für jene Deutschen gehandelt, denen mitzuwirken versagt war. Das gesam-
20 te Deutsche Volk bleibt aufgefordert, in freier Selbstbestimmung die Einheit und Freiheit Deutschlands zu vollenden.

T 2 / DDR-Verfassung (7. Oktober 1949)

1 *Präambel:*
Von dem Willen erfüllt, die Freiheit und Rechte des Menschen zu verbürgen, das Ge-
5 meinschafts- und Wirtschaftsleben in sozialer Gerechtigkeit zu gestalten, dem gesellschaftlichen Fortschritt zu dienen, die Freundschaft mit allen Völkern
10 zu fördern und den Frieden zu sichern, hat sich das deutsche Volk diese Verfassung gegeben.

Abschnitt A.
Grundlagen der Staatsgewalt
15 Artikel 1
Deutschland ist eine unteilbare demokratische Republik; sie baut sich auf den deutschen Ländern auf.
20 Die Republik entscheidet alle Angelegenheiten, die für den Bestand und die Entwicklung des deutschen Volkes in seiner Gesamtheit wesentlich sind; alle
25 übrigen Angelegenheiten werden von den Ländern selbständig entschieden [...].
Es gibt nur eine deutsche Staatsangehörigkeit.

Arbeitsaufträge

1. *Wodurch unterscheiden sich laut der Präambeln die Verfassungen der beiden deutschen Staaten grundsätzlich?*

2. *Welchen Anspruch erhebt das GG, welchen die Verfassung der DDR?*

3. *Begründen Sie die Aussagen der Präambel des GG aus dem geschichtlichen Zusammenhang der Zeit von 1945 – 1949.*

CHRONOLOGIE

Westdeutschland	*Ostdeutschland*
1946	**1945**

Westdeutschland

1946

6. September: Byrnes Rede
(→ Sachinformationen zu B2)

1947

1. Januar:
Errichtung der Bi-Zone

10. März – 24. April: Scheitern
der Moskauer Außenministerkonferenz an der Frage, ob
Deutschland als Bundesstaat,
Staatenbund oder Zentralstaat
organisiert werden soll.

Juni: Schaffung eines
Wirtschaftsrates für die Bi-Zone

5. – 7. Juni: Scheitern
der Münchner Minister-
präsidentenkonferenz wegen
unterschiedlicher deutsch-
landpolitischer Vorstellungen
der Besatzungsmächte

25. November – 15. Dezember:
Londoner Außenminister-
konferenz endet ergebnislos.

Ostdeutschland

1945

14. Juli: Gründung der
„Einheitsfront der **anti-
faschistisch-demokratischen
Parteien**" (KPD, SPD, CDU,
LDPD = Antifa-Block)

1946

21. – 22. April:
Gründungsparteitag der SED

1947

1. März: Aufruf der SED
für einen „Volksentscheid für
die Einheit Deutschlands"

14. Juni: Schaffung der
**„Deutschen Wirtschafts-
kommission"**, der ersten
zentralen Zonenverwaltung

6. – 7. Dezember: Tagung des
1. Deutschen Volkskongresses
für Einheit und gerechten
Frieden in Berlin

Westdeutschland

1948

23. Februar – 6. März: Sechsmächtekonferenz in London (USA, F, GB, Benelux-Staaten, jedoch ohne SU): gemeinsamer Beschluss zur Schaffung eines föderativen westdeutschen Staates und Beteiligung am Marshall-Plan.

20. Juni: Währungsreform tritt in Kraft.

24. Juni 1948 – 12. Mai 1949: Blockade Westberlins durch die UdSSR

1. Juli: Überreichung der **Frankfurter Dokumente** an die Ministerpräsidenten der Länder

10. August: Vorbereitender Verfassungskonvent auf **Herrenchiemsee**

1. September: Zusammentreten des **Parlamentarischen Rates** in Bonn

Ostdeutschland

1948

17. – 18. März: II. Volkskongress für Einheit und gerechten Frieden. Wahl des Deutschen Volksrates

20. März: SU kündigt aus Protest gegen die Sechsmächtekonferenz die Mitwirkung im Alliierten Kontrollrat.

23. Mai – 13. Juni: Unterschriftensammlung für das „Volksbegehren für Einheit und gerechten Frieden"

23. Juni: Währungsreform

3. Juli: Bildung der Kasernierten Volkspolizei

Westdeutschland

1949

8. April: Gründung der Tri-Zone

23. Mai: Proklamation des **Grundgesetzes** für die Bundesrepublik Deutschland

14. August: Erste Bundestagswahlen

12. September: Theodor Heuss erster Bundespräsident

15. September: Konrad Adenauer erster Bundeskanzler

Ostdeutschland

1949

19. März: Der Deutsche **Volksrat** billigt die Verfassung für eine „Deutsche Demokratische Republik".

15. – 16. Mai: Wahlen zum III. Deutschen **Volkskongress** auf Einheitslisten

29. Mai – 3. Juni: III. Volkskongress: Annahme einer Verfassung für eine deutsche demokratische Republik

7. Oktober: Gründung der Deutschen Demokratischen Republik (DDR) – Volksrat wird provisorische Volkskammer, Inkraftsetzung der **Verfassung**.

11. Oktober: Wilhelm Pieck wird Präsident der DDR.

12. Oktober: Otto Grotewohl wird Ministerpräsident der DDR.

SACHINFORMATIONEN

Antifaschismus

Der Antifaschismus wurde auf Anweisung der sowjetischen Besatzungsmacht zur ideologischen Grundorientierung der SBZ und späteren DDR. Im Zuge der Entnazifizierung verloren Hunderttausende ehemaliger Parteimitglieder ihre Posten. Der Faschismus wurde als direkte Folge des kapitalistischen Systems angesehen, sodass seine Ablehnung in eine Ablehnung des Kapitalismus und der ihn tragenden parlamentarischen Demokratie mündete. Diese ideologisch strikte Frontenbildung verhinderte aber auch eine tief greifende Auseinandersetzung mit faschistischen Elementen im sozialistischen Regime und mit nationalsozialistischem Gedankengut in der eigenen Bevölkerung.

Antifaschistische Parteien (Antifa-Block)

Die SU verzichtete anfangs in ihrer Zone auf eine radikale Sowjetisierung. Stattdessen wurde – nach außen hin – das Mehrparteiensystem eingeführt. Mit zunehmender Schärfe des Ost-West-Konflikts trieb die SU die „antifaschistisch-demokratische Umwälzung" voran, indem sie die bürgerlichen Parteien (SPD, CDU, Liberaldemokratische Partei Deutschlands [LDPD]) und die Massenorganisationen gleichschal-

teten und sie der SED unterordneten, einer „Partei neuen Typs" nach dem Muster der KPdSU.

Besatzungsstatut

Es trat am 21. September 1949 in Kraft und regelte das Verhältnis der drei Westalliierten zur Bundesrepublik. 1952 ging es in den Deutschlandvertrag ein und wurde gegenstandslos durch die Pariser Verträge von 1955.

Bund und Ländern wurde ein „größtmögliches Maß an Selbstregierung" übertragen. Die Alliierten behielten sich jedoch vor:

1. Außenpolitik, Entmilitarisierung, Reparationen, Industriekontrolle, die Überwachung von Außenhandel und der Devisenwirtschaft;
2. im Falle der Gefährdung der Sicherheit oder der demokratischen Ordnung die Ausübung der Gewalt wieder ganz an sich zu ziehen.

Deutsche Wirtschaftskommission (DWK)

Als Reaktion auf die Gründung *des Wirtschaftsrates* in der Bi-Zone verordnete die Sowjetunion die Schaffung der Deutschen Wirtschaftskommission, um die Wirtschaftspolitik der SBZ zu vereinheitlichen. Nach der Währungsreform wurde in der SBZ mit einem Zweijahresplan die Planwirtschaft eingeführt. Durch diese Maßnahmen vertiefte sich die Spaltung Deutschlands auch auf dem wirtschaftlichen Sektor.

Frankfurter Dokumente

In den Frankfurter Dokumenten präzisierten die westlichen Alliierten ihre Vorstellungen bezüglich der Zukunft ihrer Besatzungszonen. Sie beinhalteten Beschlüsse über den Aufbau einer deutschen Zentralregierung in den Westzonen. Die Vorgaben der Alliierten bildeten auch den Rahmen für eine künftige deutsche Verfassung: Schaffung eines Bundesstaates im Sinne westlicher Demokratievorstellungen. Das Ergebnis sollte dem Volk zur Entscheidung vorgelegt werden. Im zweiten Dokument wurden die Ministerpräsidenten aufgefordert, über die bestehenden Ländergrenzen zu beraten und eventuelle Änderungsvorschläge zu unterbreiten. Im dritten Dokument wurden die Grundzüge des geplanten Besatzungsstatuts und der wirtschaftlichen Kontrollauflagen vorgestellt.

Nach anfänglich massiven Bedenken der Länderchefs gegen die Frankfurter Dokumente, insbesondere gegen die Beschränkung der staatlichen Hoheitsrechte im Besatzungsstatut und die Forderung, eine Verfassung auszuarbeiten, kam es am 26. Juli schließlich zu einer Einigung. Statt einer Verfassung sollte nun ein Grundgesetz erarbeitet werden. Mit dieser Bezeichnung sollte der provisorische Charakter des Verfassungswerkes betont werden.

Herrenchiemsee

Auf der Insel im Chiemsee bereiteten Verfassungssachverständige der elf Länder die Arbeit der Verfassunggebenden Versammlung. Ziel war es, eine Vorlage für den Parlamentarischen Rat auszuarbeiten.

Parlamentarischer Rat

Der Parlamentarische Rat konstituierte sich in Bonn und umfasste 65 Abgeordnete, die aus den Parlamenten der Länder und Stadtstaaten der Westzonen entsandt worden waren (CDU/CSU und SPD je 27, FDP 5, DP, KPD, Zentrum je 2 Vertreter). Präsident war *Konrad Adenauer*. Am 8. Mai 1949 verabschiedete der Parlamentarische Rat das Grundgesetz gegen die Stimmen der DP, des Zentrums und sechs Abgeordneter der CSU, denen die Kompetenz der Länder – einer der Hauptstreitpunkte – nicht stark genug berücksichtigt war.

Staatsaufbau der Bundesrepublik

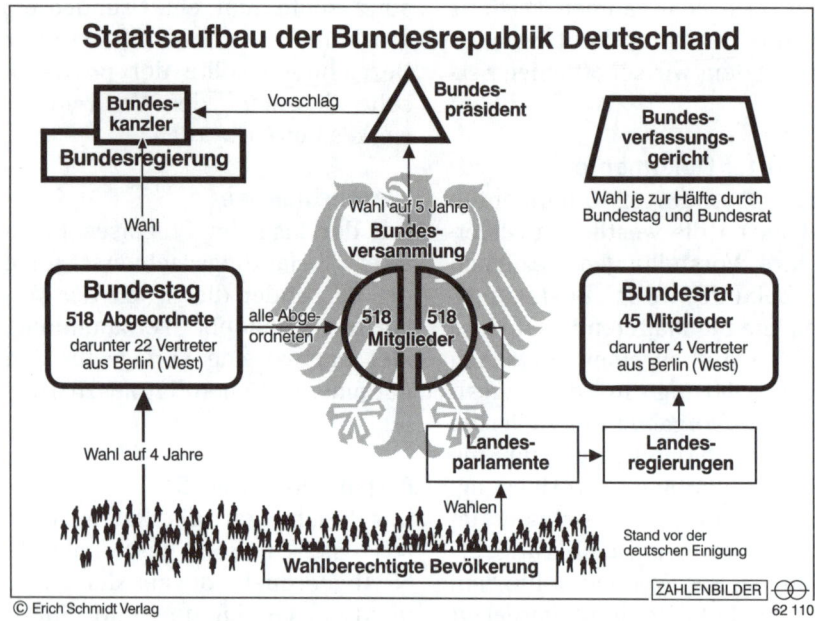

Volkskongressbewegung

Bei den Volkskongressen handelte es sich um demokratisch nicht legitimierte Kongresse von Personen aus verschiedenen Bereichen der Gesellschaft, die von der SMAD (Sowjetische Militäradministration) und der SED bestimmt wurden. Sie waren als Institutionen für Gesamtdeutschland gedacht, fanden im Westen wegen der fehlenden Legitimation aber kaum Zuspruch. Gleichzeitig wurden den gewählten Länderregierungen immer mehr Kompetenzen entzogen.

Volksrat

1948 bezeichnete sich der Volksrat als oberstes Organ der Volkskongressbewegung zur „berufenen Repräsentation für ganz Deutschland". Um diesen Anspruch zu erfüllen, wurden neben den 300 Vertretern der SBZ auch 100 ebenso willkürlich bestimmte Vertreter der Westzonen berufen. Ein vom Volksrat eingesetzter Ausschuss legte einen von der SED vorbereiteten Verfassungsentwurf vor, der am 30. Mai 1949 vom dritten Volkskongress bestätigt wurde.

Staatsaufbau der DDR

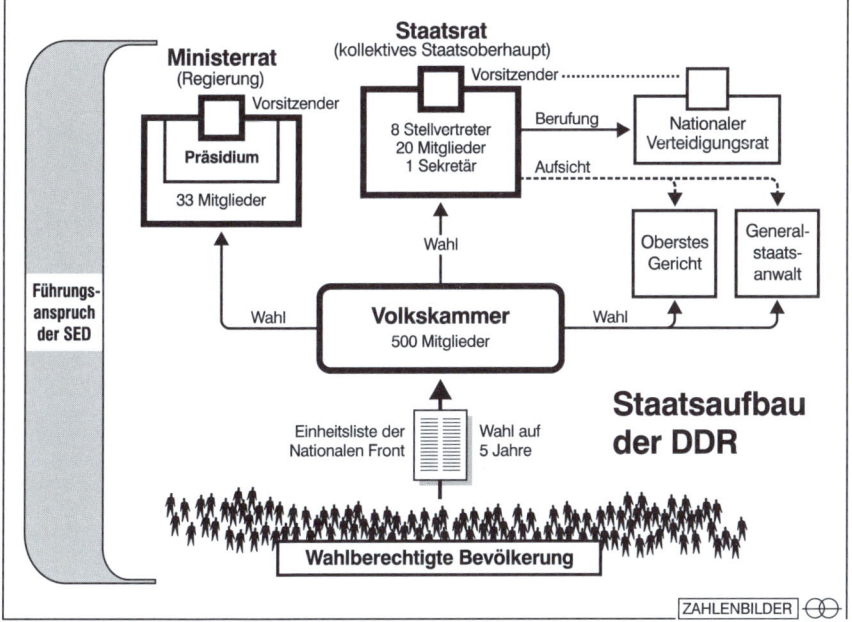

Staatsrat
(kollektives Staatsoberhaupt)

Ministerrat
(Regierung)

Vorsitzender

Vorsitzender

Präsidium

33 Mitglieder

8 Stellvertreter
20 Mitglieder
1 Sekretär

Berufung

Aufsicht

**Nationaler
Verteidigungsrat**

Oberstes
Gericht

General-
staats-
anwalt

Führungs-
anspruch
der SED

Wahl

Wahl

Volkskammer
500 Mitglieder

Wahl

**Staatsaufbau
der DDR**

Einheitsliste der
Nationalen Front

Wahl auf
5 Jahre

Wahlberechtigte Bevölkerung

ZAHLENBILDER

© Erich Schmidt Verlag

555 125

43

Zusammenfassung

Westzonen

Demokratisierung

„Lieber ein freies Teildeutschland als ein totalitäres Gesamtdeutschland." (Byrnes)

Zusammenlegung der englischen und amerikanischen Zonen zur Bi-Zone

Truman-Doktrin

Oberbefehlshaber verkünden Währungsreform

Konferenzen über die Entwicklung Gesamtdeutschlands scheitern
→ Sechsmächtekonferenz in London

„policy of containment"

Wirtschaftsrat

Marshall-Plan

Frankfurter Dokumente

Währungsreform

Verfassungskonvent auf Herrenchiemsee

Entscheidung für

Parlamentarischer Rat
tritt in Bonn zusammen

Gründung der Tri-Zone

KAPITALISMUS

Soziale Marktwirtschaft

Grundgesetz
(Provisorium)

Konrad Adenauer,
Bundeskanzler
Theodor Heuss,
Bundespräsident

Ostzone (SBZ)

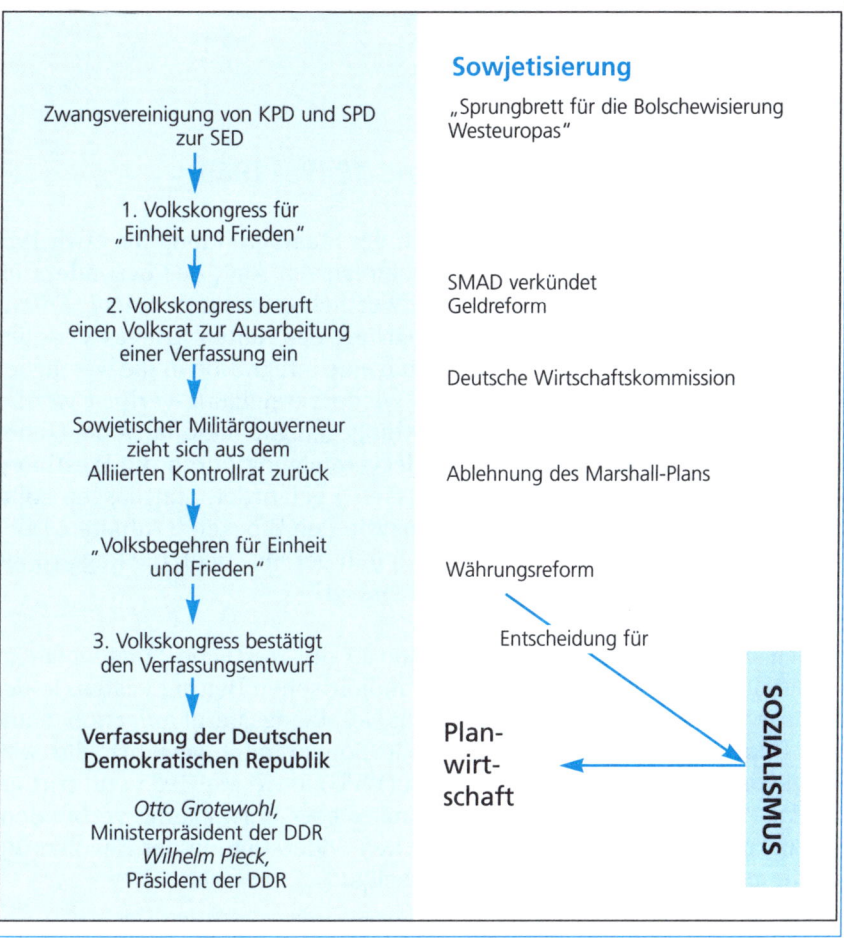

Zwangsvereinigung von KPD und SPD
zur SED

↓

1. Volkskongress für
„Einheit und Frieden"

↓

2. Volkskongress beruft
einen Volksrat zur Ausarbeitung
einer Verfassung ein

↓

Sowjetischer Militärgouverneur
zieht sich aus dem
Alliierten Kontrollrat zurück

↓

„Volksbegehren für Einheit
und Frieden"

↓

3. Volkskongress bestätigt
den Verfassungsentwurf

↓

**Verfassung der Deutschen
Demokratischen Republik**

Otto Grotewohl,
Ministerpräsident der DDR
Wilhelm Pieck,
Präsident der DDR

Sowjetisierung

„Sprungbrett für die Bolschewisierung
Westeuropas"

SMAD verkündet
Geldreform

Deutsche Wirtschaftskommission

Ablehnung des Marshall-Plans

Währungsreform

Entscheidung für

Plan-
wirt-
schaft

SOZIALISMUS

D Die beiden deutschen Staaten in der Zeit des Kalten Krieges (1949 – 1969)

1. Einführung

Die Bundesrepublik Deutschland 1949 – 1969

Führende Politiker in den Jahren nach der Staatsgründung bis etwa 1959 waren *Konrad Adenauer* und sein Nachfolger im Amt, der besonders für die wirtschaftliche Entwicklung verantwortlich zeichnende *Ludwig Erhard*. Angesichts der zunehmenden Verschärfung des Kalten Krieges verfolgte Adenauer eine „Politik der Stärke" durch eine Integration in die westlichen Bündnissysteme, aus der heraus die Wiedervereinigung verfolgt werden sollte. Die SPD unter *Kurt Schumacher* hingegen gab nationalen deutschen Interessen Vorrang und sah die Wiedervereinigung durch die **Westintegration** („Ausverkauf deutscher Interessen") gefährdet. Stattdessen sollte sich Deutschland von der Mitgliedschaft in den Blöcken fernhalten. Doch Adenauer setzte sich schließlich durch und der SPD blieb die Regierungsverantwortung über zwei Jahrzehnte versagt.

Neben der wirtschaftlichen Integration in die westliche Staatengemeinschaft sollte Deutschland auch einen militärischen Beitrag leisten. In den **Pariser Verträgen** von 1954 werden das Besatzungsstatut aufgehoben und der Bundesrepublik eine weitgehende Souveränität gewährt. Sie wird Mitglied der Westeuropäischen Union (WEU) am 7. Mai 1955 und tritt am 9. Mai 1955 auch der NATO bei. Die mit dieser Entwicklung verbundene **Wiederbewaffnung** stieß auf erheblichen Widerstand in der Bevölkerung und in den Parteien, bis hin zur CDU selbst.

Die Einbindung in die westlichen Bündnissysteme sollte nicht im Widerspruch zu der Forderung nach einer Wiedervereinigung Deutschlands stehen. Darum erhob Adenauer im Bundestag erneut den **Alleinvertretungsanspruch** der Bundesrepublik in internationalen Angelegenheiten. Sollten dritte Staaten Beziehungen zur DDR aufnehmen, so werde dies von der Bundesrepublik als „unfreundlicher Akt" angesehen. Diese, nach dem damaligen Staatssekretär im Auswärtigen Amt benannte **Hallstein-Doktrin** blieb bis Ende der 60er Jahre wirksam und wurde lediglich im Bezug auf die Sowjetunion nicht angewandt.

Das 1959 angenommene **Godesberger Programm** markierte den Wandel der SPD von einer marxistischen Programmatik hin zu einer „Volkspartei", die breitere Wählerschichten ansprach. Die freie Marktwirtschaft wird darin akzeptiert, allerdings bei gleichzeitiger Forderung nach Mitbestimmung in den Betrieben und begrenzter staatlicher Kontrolle über das Wirtschaftsgeschehen. Auch bekennt sich die SPD zur Landesverteidigung, lehnt eine atomare Aufrüstung aber ab. Mit *Willy Brandt* als neuem Oppositionsführer und Kanzlerkandidaten der SPD erfolgte auch in der Außenpolitik ein Kurswechsel.

Bereits Anfang der 50er Jahre erreichte die Bundesrepublik eine positive Handelsbilanz. Der Marshall-Plan, günstige Exportbedingungen, die schnelle Integration hoch motivierter Flüchtlinge und die durch die Demontage erzwungene Modernisierung der Fabrikanlagen führte zu einer fast Verdreifachung des Bruttosozialprodukts und der Produktivität je Einwohner. Die Arbeitslosenquote sank von 11,3% (1950) auf 1,3% (1960) bei einer konstanten Inflationsrate von unter 2%. Diese allseits positive wirtschaftliche Entwicklung wurde im Ausland als **„Wirtschaftswunder"** bezeichnet. In den 60er Jahren wurde diese Entwicklung durch eine Wachstumskrise gestoppt. Das Sozialprodukt erhöhte sich merklich langsamer, doch die Staatsausgaben blieben bei stagnierenden Steuereinnahmen, teils auch Steuerrückgängen, hoch und führten in eine Haushaltskrise. Als Folge davon wurde das Kabinett von Bundeskanzler *Erhard* 1966 von der Großen Koalition aus SPD und CDU/CSU unter Bundeskanzler *Kiesinger* abgelöst.

Die Entwicklung der Löhne blieb hinter dem Wirtschaftswachstum zurück. Dennoch herrschte in den 50er Jahren eine Aufbruchsstimmung in der Bevölkerung. Der Lebensstandard verbesserte sich allmählich, das Interesse an politischen Fragen ging zurück und Sozialkonflikte wurden selten. Kriegsgeschädigten und Vertriebenen sollte durch den 1952 geregelten **Lastenausgleich** geholfen werden. Auch das **Rentensystem** wurde neu geregelt und der wirtschaftlichen Entwicklung angepasst.

Die **Große Koalition** stieß in weiten Kreisen der Bevölkerung auf Ablehnung, da man in einer zu schwachen parlamentarischen Opposition (CDU/CSU/SPD 447 : FDP 49 Stimmen) eine Gefahr für die Demokratie sah. Besonders in der Studentenschaft etablierte sich eine links orientierte „außerparlamentarische Opposition" (APO), die grundlegende Veränderungen anstrebte. Doch auch rechtsradikale Gruppierungen erhielten starken Zulauf.

Die DDR 1949 – 1969

Die Entwicklung in der DDR im selben Zeitraum ist geprägt von der fortschreitenden Sowjetisierung. Die DDR wird 1950 in den „Rat für gegenseitige Wirtschaftshilfe" (RGW) und 1955 in den Warschauer Pakt eingebunden. Diese Entwicklung während der Ära Ulbricht verläuft als Reaktion und zeitlich nahezu parallel zur Westintegration der Bundesrepublik in die Europäische Wirtschaftsgemeinschaft (EWG) und die NATO.

Seit 1952 erfolgte die planmäßige Umgestaltung der Landwirtschaft und der verarbeitenden Industrie nach sowjetischem Vorbild, stets mit dem Ziel vor Augen, die Überlegenheit des Sozialismus gegenüber dem Kapitalismus aller Welt deutlich zu machen. Ähnlich wie in der UdSSR wurde die Schwerindustrie zum Nachteil der Konsumgüterindustrie favorisiert und die Kollektivierung der Landwirtschaft massiv vorangetrieben. Einige Anfangserfolge konnten dennoch immer wiederkehrende Versorgungsengpässe, fehlenden Wohnraum und die zunehmende Belastung durch steigende Arbeitsnormen nicht ausgleichen. Eine im Mai 1953 vom DDR-Ministerrat verordnete 10-prozentige Steigerung der Arbeitsnorm führte schließlich zu Arbeitsniederlegungen, die zu einem **Arbeiteraufstand am 17. Juni 1953** anwuchsen und neben wirtschaftlichen auch politische Forderungen nach freien Wahlen laut werden ließen. Mithilfe sowjetischer Truppen wurde der Aufstand gewaltsam niedergeschlagen und später als „faschistischer Putsch" verschleiert. Ulbricht ging aus diesem Aufstand letztlich gestärkt hervor, indem er ihn zum Anlass nahm, Reformanhänger aus Schlüsselpositionen zu entfernen.

Dennoch blieb der Aufstand nicht ohne Auswirkungen. Die Sowjetunion verzichtete auf Reparationen, die DDR-Führung drosselte das Tempo der schwerindustriellen Entwicklung und forcierte die Versorgung mit Konsumgütern. Dennoch verbesserte sich die Lage nicht grundsätzlich. Immer mehr Menschen entzogen sich den staatlichen Zwangsmaßnahmen durch eine Übersiedlung in den Westen. Um dem entgegenzuwirken, nahm die DDR-Regierung drastische Beschränkungen der Reisefreiheit vor und errichtete am 13. August 1961 eine Mauer um Westberlin. Dem folgte eine vollständige **Abriegelung der Westgrenze der DDR**. Die westlichen Alliierten protestierten zwar dagegen, doch wurde aus Angst vor einem militärischen Konflikt nichts weiter unternommen. Der Mauerbau führte aller Welt vor Augen, wie wenig Rückhalt das SED-Regime in der eigenen Bevölkerung besaß.

2. Die Westintegration in der Ära Adenauer

Adenauer in seinen „Erinnerungen"

1 „In der Öffentlichkeit wurde die Frage diskutiert, ob nicht die Genehmigung der beiden Verträge [EVG- und Deutschland-
5 vertrag] die Wiedervereinigung mit der Sowjetzone unmöglich mache. Ich hielt diese Beurteilung für falsch. Ich war gerade der umgekehrten Ansicht,
10 daß wir mit dem Abschluß dieser Verträge einen bedeutenden Schritt vorwärts taten in Richtung auf das Ziel, das der Bundestag in einer seiner ersten Sit-
15 zungen fast einstimmig so formuliert hatte: Wiedervereinigung Deutschlands in Frieden und Freiheit und in einem freien Europa.
20 Es war und ist richtig, daß die Wiedervereinigung in Freiheit nur mit Zustimmung der vier Alliierten, also auch mit Zustimmung der Sowjetunion, erfolgen
25 konnte. Ich war der Auffassung, daß es klug wäre, wenn man sich für diese Politik zunächst die Hilfe von wenigstens drei der vier Großmächte sicherte,
30 wie wir das im Deutschland-vertrag taten. Ich hoffte, daß es möglich sein würde, im rich-tigen Augenblick mit Sowjet-rußland an den Verhandlungs-
35 tisch zu kommen, wenn wir die Hilfe dieser drei Mächte hätten. Keiner glaubte wohl ehrlich, daß die Sowjetunion aus sich heraus die Sowjetzone freigeben
40 würde. [...] Ein Gesamtdeutsch-land, wie es die Russen in ihren Noten [Stalinnoten] forderten, ein neutralisiertes, auf dem Boden des Potsdamer Abkom-
45 mens errichtetes Gesamt-deutschland, war für uns nicht möglich. Wir würden mit Hilfe der drei Westalliierten ver-suchen müssen, Sowjetrußland
50 von seiner Forderung abzubrin-gen. Ich war der Auffassung, daß Sowjetrußland, wenn es sich davon überzeugte, daß in-folge des Abschlusses der
55 Europäischen Verteidigungsge-meinschaft [EVG] seine Politik, im Wege des Kalten Krieges – im vorliegenden Falle zunächst durch Neutralisierung – die
60 Bundesrepublik zu bekommen, keinen Erfolg mehr versprach, diese neu geschaffene politi-sche Situation beachten und seine Politik dementsprechend
65 einstellen würde. Das eine war

sicher, wenn wir die Verträge nicht unterzeichneten, verbesserten wir die Aussicht auf Wiedervereinigung in keiner 70 Weise."

(K. Adenauer: Erinnerungen. 1945 bis 1953, Frankfurt/Main 1967, S. 530 f.)

Arbeitsaufträge

1. Erarbeiten Sie sich Adenauers außenpolitische Auffassung.

2. Wie hat sich die „Deutsche Frage" bis 1961, bis zum Bau der Berliner Mauer, weiterentwickelt? Stellen Sie die Ereignisse tabellarisch gegenüber.

3. Welches Angebot unterbreitete Stalin in seinen beiden Noten und welche Reaktion löste dies in Deutschland aus?

CHRONOLOGIE

1949

31. Oktober: Bundesrepublik Deutschland wird Mitglied der Organisation für europäische wirtschaftliche Zusammenarbeit (OEEC) und nimmt am Marshall-Plan teil.

22. November:
Petersberger Abkommen

1950

9. Mai: Frankreichs Außenminister Schuman schlägt eine Montanunion zwischen der BRD und Frankreich unter Beteiligung anderer europäischer Staaten vor.

25. Juni: Korea-Krieg

8. Juli: Beitritt der BRD zum **Europarat** als nicht stimmberechtigtes Mitglied

29. August: Sicherheitsmemorandum Adenauers: Forderung des Aufbaus westeuropäischer Streitkräfte mit deutscher Beteiligung

1951

18. April: Montanunion
(D, F, I, Benelux);
BRD wird gleichberechtigtes
Mitglied im Europarat

9. Juni: Westmächte
beenden den Kriegszustand
mit Deutschland.

1952

10. März: 1. Stalin-Note

9. April: 2. Stalin-Note

26. Mai: Deutschlandvertrag

27. Mai: Gründung der
Europäischen Verteidigungs-
gemeinschaft (**EVG**);
Mitglieder: D, F, I, Benelux

1953

4. August: Der **17. Juni**
wird gesetzlicher Feiertag
in Erinnerung an den
Arbeiteraufstand in der DDR.

1954

23. Oktober: **Pariser Verträge**
lösen den Deutschlandvertrag
ab; sie gewähren der BRD
Souveränität und die Aufnahme
in die NATO.

1955

9. Mai: Aufnahme
der BRD in die NATO

8. Oktober: Die letzten
Kriegsgefangenen kehren
aus der SU zurück.

Alleinvertretungsanspruch
der BRD wird in der **Hallstein-
Doktrin** formuliert.

1956

7. Juli: Einführung der
allgemeinen Wehrpflicht

1957

25. März: Unterzeichnung
der „Römischen Verträge" über
die **Europäische Wirtschaftsgemeinschaft (EWG)** und
Euratom durch D, F, I, Benelux.

1958

Erstes Treffen zwischen
Adenauer und de Gaulle
in Colombey les-deux-Eglises

1961

13. August: Bau der
Berliner Mauer

1963

22. Januar: Adenauer und
de Gaulle unterzeichnen
den deutsch-französischen
Freundschaftsvertrag.

16. Oktober: Ludwig Erhard
wird Bundeskanzler.

20. Dezember: In Frankfurt/M.
beginnt der **Auschwitz-Prozess**.

SACHINFORMATIONEN

Auschwitz-Prozess

Nach dem 1961 in Jerusalem stattgefundenen Prozess gegen den SS-Obersturmbannführer Adolf Eichmann wurde dies das bis dahin größte Strafverfahren gegen Beteiligte an dem Völkermord an der jüdischen Bevölkerung Europas. 1300 Zeugenaussagen und die Vernehmung von mehreren Hundert Zeuginnen und Zeugen konfrontierte die Deutschen erneut mit den Verbrechen des Nazi-Regimes. Nach 20 Monaten Verhandlung wurden sechs Angeklagte zu lebenslanger Zuchthausstrafe verurteilt, elf erhielten langjährige Freiheitsstrafen und drei Angeklagte wurden freigesprochen.

Deutschlandvertrag

Mit diesem Vertrag erhielt die BRD von den Westmächten unter Vorbehalten die Souveränität zuerkannt. Alliierte Sonderrechte blieben jedoch bei der Truppenstationierung und allen „Deutschland als Ganzes" einschließlich Berlins betreffenden Fragen bestehen. Das Besatzungsstatut (→ C2) trat außer Kraft und die Sicherheitsgarantien für die Bundesrepublik und Westberlin wurden erneuert.

Europäische Verteidigungsgemeinschaft (EVG)

Mit Unterstützung der USA trat die BRD dem EVG-Vertrag bei. In ihm verpflichteten sich Frankreich, Italien, die Benelux-Staaten zur „Verteidigung Westeuropas gegen jeden Angriff ihre gemeinsamen Verteidigungskräfte im Rahmen einer überstaatlichen Organisation völlig zu verschmelzen". Diese Gemeinschaft sollte sowohl die deutsche Wiederbewaffnung ermöglichen als auch das französische Sicherheitsbedürfnis befriedigen.

Europa-Rat

Wurde 1949 von zehn europäischen Staaten (Benelux, Dk, F, GB, Irl, I, N, S) in London gegründet, um die Annäherung der Staaten Europas, die Wahrung der Menschenrechte und die kulturelle Zusammenarbeit zu fördern. Heute sind 34 Staaten im Europarat vertreten.

Europäische Wirtschaftsgemeinschaft (EWG)

Mit der EWG der Sechs (D, F, I, Benelux) wurden eine Zollunion und ein gemeinsamer Markt zur Annäherung der Volkswirtschaften, zur Hebung des Lebensstandards und zur Wahrung des Friedens beschlossen.

Hallstein-Doktrin

Die nach dem Entwurf des Staatssekretärs im Auswärtigen Amt, Walter Hallstein, benannte Doktrin sollte die völkerrechtliche Anerkennung der DDR durch Drittstaaten verhindern. Bis auf die Sowjetunion wurden mit keinem Staat, der die DDR anerkannt hatte, diplomatische Beziehungen aufgenommen. Somit war auch keine aktive Außenpolitik mit Staaten des Ostblocks möglich.

Montan-Union

Europäische Gemeinschaft für Kohle und Stahl (→ Schuman-Plan), die am 25. Juli 1952 in Kraft trat. Die Union übertrug bisher nationale Souveränitätsrechte auf gemeinschaftliche Organe und schuf somit eine supranationale Organisation. Ihr Ziel war die Harmonisierung der Außenzölle sowie eine einheitliche Preis-, Kartell- und Handelspolitik.

NATO

(North Atlantic Treaty Organization) Die Allianz aus gleichberechtigten Staaten wurde am 4. April 1949 in Washington D.C. zwischen 12 Staaten Westeuropas und Nordamerikas gegründet. Ziel war eine Zusammenarbeit auf wirtschaftlichem, politischem und militärischem Gebiet zur Stärkung der Sicherheit. Ein Angriff gegen ein Mitgliedstaat wurde als Angriff gegen alle angesehen und forderte den Beistand der gesamten Allianz (= System der kollektiven Sicherheit). Waren die Mitgliedsstaaten lange Zeit auf den atlantischen Raum und Westeuropa beschränkt (mit Ausnahme der Türkei und Griechenlands) erfolgte in den letzten Jahren eine zunehmende Ausweitung auf osteuropäische Staaten (Polen, Ungarn, Tschechische Republik).

OEEC

Die Organisation für europäische wirtschaftliche Zusammenarbeit wurde 1948 gegründet und in die Durchführung des → Marshall-Plans eingebunden. Die Bundesrepublik trat durch ihren ersten internationalen Vertrag dieser Organisation 1949 bei.

Pariser Verträge

Neuregelung der Beziehungen der westlichen Staaten einschließlich der BRD. Der Deutschlandvertrag beendete das Besatzungsregime in der Bundesrepublik, setzte das Besatzungsstatut außer Kraft und gewährte der BRD weitgehende Souveränität. Die Sicherheitsgarantien für die BRD und Berlin wurden bekräftigt. Die BRD wird Mitglied der Westeuropäischen Union und der NATO. Die Westintegration war damit vollzogen.

Petersberger Abkommen

Berechtigte die BRD, konsularische Beziehungen und Handelsbeziehungen zu westlichen Staaten aufzunehmen und internationalen Organisationen beizutreten.

Schuman-Plan

Frankreichs Außenminister Schuman schlägt 1950 in seinem Plan einen gemeinsamen deutsch-französischen Markt für Kohle, Eisen und Stahl vor. Damit versuchte er sowohl dem französischen Sicherheitsinteresse als auch dem deutsch-französischen Ausgleich zu entsprechen. Dieser Vorschlag resultierte in der Gründung der → Montanunion, die schließlich 1968 in der Europäischen Gemeinschaft aufging.

Stalin-Note(n)

Stalin schlug in einer ersten Note (10. März 1952) den Westmächten vor, einen Friedensvertrag mit Deutschland abzuschließen. Deutschland solle in den in Potsdam „festgelegten" Grenzen wiedervereinigt werden; alle ausländischen Truppen werden abgezogen, Gesamtdeutschland wird neutralisiert. Nationale Streitkräfte zur Selbstverteidigung bleiben erhalten. Die Vorschläge wurden von den Westmächten abgelehnt.

In einer zweiten Note (9. April) erklärte sich Stalin mit freien Wahlen unter der Kontrolle der vier Mächte einverstanden. Auch dieser Vorschlag wurde abgelehnt.

3. Die Ostintegration der DDR

Aus einem DDR-Schulbuch

1 „Die erste Aufgabe der Arbeiter- und Bauernmacht war es, die gesellschaftliche Entwicklung bewußt und planmäßig zu lei-
5 ten, die schöpferischen Talente der Werktätigen zu entwickeln, ihre Kräfte und Fähigkeiten für die Lösung der Probleme und Widersprüche, die ihre Entwick-
10 lung aufweist, zu mobilisieren und die ideologische Umwälzung im Denken der Menschen vollziehen zu helfen.
Zum zweiten hatte die Staats-
15 macht den bewaffneten Schutz der DDR zu organisieren und sie vor Überfällen durch die aggressiven imperialistischen Mächte von außen und gegen Anschläge
20 und Wühltätigkeit nach innen zu schützen. Schließlich war es ihre Aufgabe, die dauerhaften, freundschaftlichen Beziehungen zur Sowjetunion und den Staa-
25 ten des sozialistischen Lagers zu unterhalten und die Zusammenarbeit mit ihnen allseitig zu festigen und zu vertiefen. […]“

(Geschichte. Lehrbuch für Klasse 10, Teil 1. Berlin [Ost] 1973, S. 167)

Unerschütterlicher Bruderbund mit der Sowjetunion – Fundament unseres erfolgreichen Weges

(Foto des Verfassers, 1982, Größe des Plakats ca. 1,5 x 3 m)

Arbeitsaufträge

1. *Erarbeiten Sie die Aufgaben, die sich die DDR auf dem Weg zum Sozialismus gestellt hat.*

2. *Schildern Sie die Beziehung der DDR zur Sowjetunion, die in dem Text und der Abbildung vermittelt wird.*

3. *Erarbeiten Sie anhand von Chronologie und Sachinformationen die politische Umsetzung der genannten Aufgaben auf dem Weg zum Sozialismus.*

CHRONOLOGIE

1949

15. Oktober: Austausch diplomatischer Vertreter zwischen der UdSSR und der DDR. Kurz darauf auch völkerrechtliche Anerkennung durch die übrigen Staaten des Ostblocks.

1950

6. Juli: Unterzeichnung des Grenzvertrages über die **Oder-Neiße-Grenze** zwischen Polen und der DDR.

29. September: DDR wird in den Rat für gegenseitige Wirtschaftshilfe (**RGW/ COMECON**) aufgenommen.

1952

26. Mai: Als Reaktion auf den Deutschlandvertrag beginnt die DDR die innerdeutsche Grenze abzuriegeln.

1. Juli: „Kasernierte Volkspolizei"

9. – 12. Juli: Parteikonferenz der SED beschließt „planmäßigen Aufbau des Sozialismus" in der DDR.

1953

17. Juni: **Volksaufstand** gegen das SED-Regime in der DDR

1954

25. März: Die UdSSR gewährt der DDR weitgehende Souveränitätsrechte. Sie habe das Recht, „nach eigenem Ermessen über ihre inneren und äußeren Angelegenheiten einschließlich der Frage der Beziehungen zu West-deutschland zu entscheiden".

1955

25. Januar: Die UdSSR erklärt den Kriegszustand mit Deutschland für beendet.

14. Mai: Nach Inkrafttreten der Pariser Verträge schließen die Ostblockstaaten den **Warschauer Pakt**, dem auch die DDR beitritt. Das ZK der SED beschließt die Aufstellung bewaffneter Streitkräfte.

20. September: Freundschafts-vertrag mit der Sowjetunion, die DDR erhält ihre volle Souveränität. Die Hohe Kommission wird aufgelöst und eine Botschaft der UdSSR in Ostberlin eingerichtet. Sowjetische Truppen bleiben weiterhin im Land.

1956

18. Januar: Gesetz über die Nationale Volksarmee (NVA). Aus der Kasernierten Volkspolizei wird die Nationale Volksarmee, deren erste Einheiten zum 1. März gebildet werden. Die NVA untersteht dem Oberkommando der Vereinten Streitkräfte des Warschauer Paktes.

1958

Berlin-Note der UdSSR: West-Berlin soll entmilitarisiert und binnen eines halben Jahres in eine „selbstständige politische Einheit" umgewandelt werden. Die Alliierten weisen das Ultimatum einhellig zurück.

1961

Mauerbau um West-Berlin und Absperrung der Westgrenze der DDR

1962

24. Januar: Gesetz über die Einführung der allgemeinen Wehrpflicht („Ehrendienst in der NVA")

SACHINFORMATIONEN

Mauerbau vom 13. August 1961

In den ersten Augusttagen flüchten etwa 40 000 Menschen aus der DDR. Von Januar bis Juli 1961 waren es über 200 000, 1960 etwa 200 000 und 1959 etwa 150 000. Das DDR-Regime errichtete an der Sektorengrenze zwischen Ost- und Westberlin zunächst eine Absperrung mit Stacheldraht und Grenzzäunen, später wurde eine Mauer um ganz Westberlin gezogen. Auch die innerdeutsche Grenze wurde in der Folgezeit abgeriegelt und die Zahl der Übergangsstellen drastisch reduziert. Die als „antifaschistischer Schutzwall" titulierte Absperrung sollte die Massenflucht eindämmen und besonders junge Eliten daran hindern, die DDR zu verlassen.

Oder-Neiße-Linie

Festlegung der Grenze zwischen der DDR und Polen. Sie wird vom Unterlauf der Oder und ihrem Nebenfluss, der Lausitzer Neiße, gebildet. Die DDR tritt in dem Abkommen mit Polen vom 6. Juli 1950 das Gebiet östlich dieser Linie an den Nachbarn ab.

RGW / Comecon

Im RGW sollen die Mitgliedstaaten ihre nationalen Wirtschaftspläne koordinieren und untereinander Arbeitsteilung vornehmen. Anders als die → EWG ist der RGW (D1) ein zwischenstaatliches Gebilde ohne supranationale Einrichtungen, das eng an der UdSSR ausgerichtet ist.

Volksaufstand vom 17. Juni 1953

Nachdem das SED-Politbüro nicht bereit war, die 10-prozentige Erhöhung der Arbeitsnormen zurückzunehmen (was einer Lohneinbuße gleichkam), traten die Arbeiter der Ostberliner Stalinallee in den Streik. Am nächsten Tag, dem 17. Juni, weitete sich der Streik zu einem Volksaufstand in mehr als 500 Orten aus. Mehrere hunderttausend Menschen aller Schichten nahmen teil und forderten vornehmlich freie und geheime Wahlen und die nationale Wiedervereinigung. Die SED war nicht mehr Herr der Lage. Die sowjetischen Stadtkommandanten verhängten in Ost-Berlin und vielen Kreisen der DDR den Ausnahmezustand und das Kriegsrecht. Die Aufstände wurden mithilfe von Panzern der Roten Armee niedergeschlagen. Es gab zahlreiche Tote und Verletzte. In offiziellen Verlautbarungen wurde der Aufstand als „konterrevolutionärer" und „faschistischer Putschversuch" bezeichnet. Als Auswirkung des Aufstandes wurden zwar einige Verbesserungen zu Normen und Preiserhöhungen beschlossen, doch ging die SED unter Ulbricht

eher gestärkt aus dieser Krise hervor.
Die Bundesrepublik erklärte den 17. Juni als „Tag der deutschen Einheit" zum Feiertag.

Warschauer Pakt

Militärbündnis zwischen Bulgarien, DDR, Polen, Rumänien, CSSR, UdSSR und Ungarn.
Im Gegensatz zur NATO (→ D1) entstand der Pakt aus zweiseitigen (bilateralen) Abkommen der UdSSR mit den einzelnen Staaten des Ostblocks und als Reaktion auf die Gründung der NATO. Innerhalb des Warschauer Paktes dominierte die UdSSR als Nuklearmacht und als Produzent für Rüstungsgüter. Mit ihrer Eingliederung in den Warschauer Pakt wäre die DDR in einem Konfliktfall zum militärischen Gegner des NATO-Mitglieds Bundesrepublik geworden.

Zusammenfassung

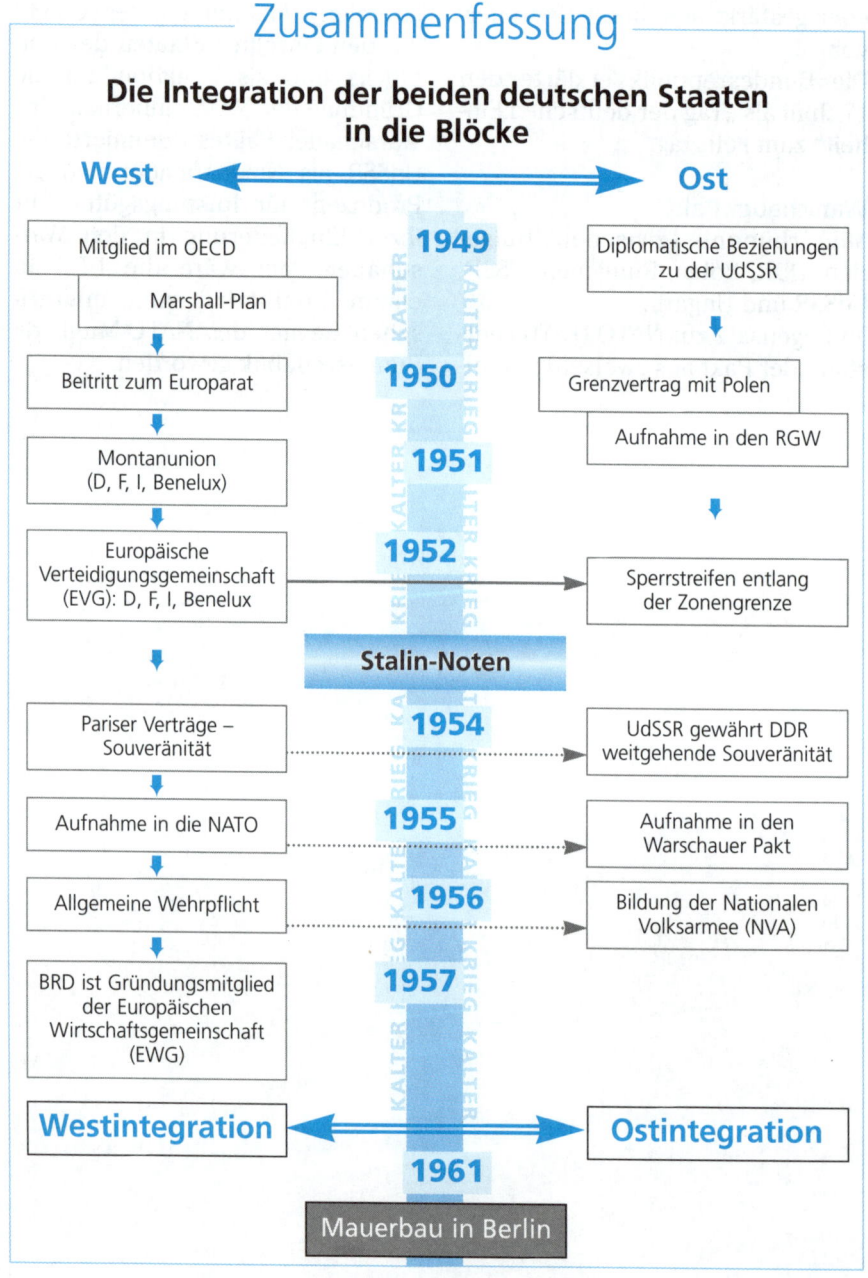

Die Integration der beiden deutschen Staaten in die Blöcke

West ⬅➡ **Ost**

Jahr	West	Ost
1949	Mitglied im OECD / Marshall-Plan	Diplomatische Beziehungen zu der UdSSR
1950	Beitritt zum Europarat	Grenzvertrag mit Polen
1951	Montanunion (D, F, I, Benelux)	Aufnahme in den RGW
1952	Europäische Verteidigungsgemeinschaft (EVG): D, F, I, Benelux	Sperrstreifen entlang der Zonengrenze
	Stalin-Noten	
1954	Pariser Verträge – Souveränität	UdSSR gewährt DDR weitgehende Souveränität
1955	Aufnahme in die NATO	Aufnahme in den Warschauer Pakt
1956	Allgemeine Wehrpflicht	Bildung der Nationalen Volksarmee (NVA)
1957	BRD ist Gründungsmitglied der Europäischen Wirtschaftsgemeinschaft (EWG)	

Westintegration ⬅➡ **Ostintegration**

1961

Mauerbau in Berlin

4. Die soziale und wirtschaftliche Entwicklung in der Bundesrepublik

T 1 / „Wirtschaftswunder" und Demokratie

1 „Statt Reparationen, Inflation, Wirtschaftskrisen und Arbeitslosigkeit gab es ökonomische Hilfe mit dem Marshall-Plan und
5 einen märchenhaften Wirtschaftsaufschwung: Die Demokratie galt bald als eine Staatsform, die „Wirtschaftswunder" vollbringt oder ermöglicht.
10 Die allgemeine Wohlfahrtssteigerung führte zum Abklingen von Klassenspannungen. Obwohl die Ungleichheit von Vermögen und Einkommen eher
15 zunahm, verschwand durch die Angleichung von Konsumgewohnheiten das Klassenbewußtsein. Die kapitalistischen Rahmenbedingungen einer bür-
20 gerlichen Demokratie fanden breite Zustimmung. Der enorme Wirtschaftsaufschwung führte zur Bildung einer neuen Mittelklasse. Diese wohlhabende
25 Schicht produzierte zwei Faktoren, welche für die Demokratisierung sorgten: bessere und längere Schulbildung und berufliche Positionen, die von sich
30 her demokratische Werte stützten und förderten. Hinzu kamen noch zwei Bedingungen: mehr soziale Sicherheit und mehr Freizeit. […]"

(Nach: Greiffenhagen, Martin, in: Aus Politik und Zeitgeschichte B 1-2/1990, S. 17 f.)

T 2

	1950	1955	1960	1965	1967	1968
Erwerbstätige, unselbständig, in Mio.	20,0	22,8	26,3	27,2	26,3	26,3
Bruttosozialprodukt, in Mrd. DM	97,9	180,4	296,8	452,7	483,9	528,8

(Huffschmid, Jörg: Die Politik des Kapitals, Frankfurt/Main 1969, S. 14)

Arbeitsaufträge.

1. Welche Anstöße löste laut Text Erhards Entscheidung für die „soziale Marktwirtschaft" aus?

2. Welche Entwicklung nimmt die Wirtschaft der Bundesrepublik in den 50er und 60er Jahren? Wandeln Sie die Zahlen in eine Grafik um.

3. Machen Sie sich anhand der Sachinformationen mit dem System der „sozialen Sicherheit" vertraut.

63

CHRONOLOGIE

1947
Ahlener Programm
der CDU in der britischen Zone

1948
Währungsreform und
Einführung der sozialen
Marktwirtschaft

1949
12. – 14. Oktober:
Gründung des Deutschen
Gewerkschaftsbundes (**DGB**)

19. Oktober: Gründung
des Bundesverbandes der
Deutschen Industrie (BDI)

1950
8. Februar: Die Arbeitslosen-
zahl liegt bei 2 Millionen
(13,3%). Deshalb wird ein
Arbeitsbeschaffungsprogramm
im Wohnungsbau mit einem
Volumen von 2,5 Mrd. DM
aufgelegt.

28. März: Gesetz über
den sozialen Wohnungsbau

1. Oktober:
Der Bund übernimmt die
Kriegsopferversorgung.

1951
21. Mai: Einführung der
paritätischen Mitbestimmung
in der Montanindustrie

1952
10. März: Einrichtung der
Bundesanstalt für Arbeitsvermittlung und Arbeitslosen-
versicherung in Nürnberg

19. Juli:
Betriebsverfassungsgesetz
im Bundestag verabschiedet.

1. September: Gesetz über
den **Lastenausgleich** tritt in
Kraft.

23. Oktober: Verbot der
Sozialistischen Reichspartei
(SRP) durch das Bundes-
verfassungsgericht

1953
23. April: Tarifvertragsgesetz
erkennt die Tarifautonomie
der Verbände der Arbeitnehmer
und Arbeitgeber an.

19. Mai: Bundesvertriebenen-
gesetz zur Eingliederung der
Flüchtlinge und Vertriebenen

3. September: Sitz des
Bundessozialgerichts in Kassel

1954

1. Mai: DGB fordert Einführung der Fünf-Tage-Woche und der 40-Stunden-Wochenarbeitszeit.

13. November:
1. Kindergeldgesetz (Anspruch auf Kindergeld nach dem 3. Kind)

1955

5. September:
Landwirtschaftsgesetz zur Verbesserung der Agrarstruktur und Einkommenslage der Landbevölkerung

1956

Die ersten **„Gastarbeiter"** werden in der Bundesrepublik empfangen.

1957

1. Januar: Einführung der **„dynamischen Rente"** („Die Renten folgen den Löhnen")

27. Juli: Gesetz gegen Wettbewerbsbeschränkungen **(Kartellgesetz)**

1961

30. Juni:
Bundessozialhilfegesetz

12. Juli:
Vermögensbildungsgesetz

1964

9. September: Tiefstand bei den Arbeitslosenzahlen:
680 000 offenen Stellen stehen 102 800 Arbeitslose gegenüber.

1966

Die erste schwere Nachkriegs- rezession erfasst die Bundes- republik; das Wachstum des Bruttoinlandsprodukts geht auf 2,8% zurück, die Arbeitslosenquote (0,7%) steigt.

SACHINFORMATIONEN

Ahlener Programm

Ein 1947 in der Stadt Ahlen verabschiedetes Programm der CDU der britischen Zone. Darin wurden die Sozialisierung der Großindustrie, eine Wirtschaftsdemokratie und die Planwirtschaft gefordert. Allerdings bekannte sich die Bundes-CDU 1949 zum Konzept der privatwirtschaftlich organisierten sozialen Marktwirtschaft.

Betriebsverfassungsgesetz

In Betrieben mit mindestens fünf Beschäftigten sind Betriebsräte zu wählen, die ein Mitwirkungsrecht in sozialen Angelegenheiten und Fragen der Arbeits- und Urlaubseinteilung haben. Sie müssen über Belange des Unternehmens informiert werden. Dafür sind sie zu politischer Neutralität verpflichtet und unterliegen einem Arbeitskampfverbot.

Bundessozialhilfegesetz

Die staatliche Sozialhilfe garantiert als Hilfe zum Lebensunterhalt oder als Hilfe in besonderen Notlagen ein menschenwürdiges Existenzminimum. Sie wird ohne Rücksicht auf Ursachen der Bedürftigkeit gewährt, wenn alle andere Hilfen ausgeschöpft sind. Auch Ausländer können diese Leistungen beanspruchen.

DGB

Der DGB ist die Dachorganisation der Einzelgewerkschaften. Er forderte in seinen frühen Jahren neben der Mitbestimmung für die Arbeitnehmer auch die Sozialisierung der Schlüsselindustrien und eine zentrale Wirtschaftsplanung.

„Gastarbeiter"

Aufgrund der hervorragenden Konjunkturlage und der Vollbeschäftigung schloss die Bundesregierung Abkommen mit Italien, Spanien und Griechenland zur Anwerbung von Arbeitskräften. 1960 werden über 300 000 Arbeitnehmer aus dem Ausland über die Bundesanstalt für Arbeitsvermittlung angeworben.

Kartellgesetz

Als „Grundgesetz der sozialen Marktwirtschaft" tritt das Gesetz gegen Wettbewerbsbeschränkungen am 1. Januar 1958 in Kraft. Es verbietet die Bildung von Kartellen und Monopolen, untersagt Preisbindungen und den Missbrauch marktbeherrschender Unternehmen. Eine Kartellbehörde (Bundeskartellamt) wacht über die Einhaltung des Gesetzes.

Lastenausgleich

Nach den Grundsätzen der sozialen Gerechtigkeit und der volkswirtschaftlichen Vertretbarkeit regelt er den Ausgleich von Schäden, die durch den Zweiten Weltkrieg und seine Folgen entstanden sind; Eigentumsrechte werden davon nicht berührt.

Mitbestimmung (paritätische)

Die Aufsichtsräte von Unternehmen der Montanindustrie werden paritätisch von Arbeitnehmern und Anteilseignern mit i. d. R. jeweils fünf Vertretern besetzt. Bei Stimmengleichheit entscheidet ein von beiden Seiten gewähltes elftes Mitglied.

Rente (dynamische)

„Die Renten folgen den Löhnen." Die dynamische, am Bruttolohn orientierte Rente gilt als wichtigste Sozialreform seit der Bismarck-Ära. Sie beruht auf dem Prinzip des Generationenvertrages: Die im Berufsleben stehenden Versicherten finanzieren über Beiträge in die Rentenkasse die Renten der Elterngeneration.

Sozialbudget 1950 – 1960
(Angaben in Millionen DM)

	1950	1955	1960
Renten-versicherung	3 898	7 748	18 259
Altershilfe für Landwirte	–	–	182
Kranken-versicherung und Mutterschutz	2 521	4 685	9 621
Unfallversicherung	585	1 027	1 733
Arbeitslosen-versicherung	1871	1 811	1 070
Kindergeld	–	463	916
Sozialhilfe	962	1 288	1 620
Jugendhilfe	27	51	54
Öffentlicher Gesundheitsdienst	123	218	342
Pensionen	2 479	5 094	6 859
Kinderzuschläge im öffentl. Dienst	441	760	1 031
Kriegsopfer-versorgung	2 087	3 206	3 678
Lastenausgleich	718	980	1 345
Sozialbudget	15	27	46
Insgesamt	712	331	710
Sozialleistungsquote in % des BSP	16,0	15,2	15,5

(Abelshauser, Werner: Die langen Fünfziger Jahre, Düsseldorf 1987, S. 80)

Vermögensbildungsgesetz

312, später 624 DM wurden jährlich vermögenswirksam in Prämiensparverträgen angelegt. Das Geld musste über einen bestimmten Zeitraum angelegt bleiben, bis es ausgezahlt wurde. Damit sollte die Vermögensbildung für Arbeitnehmer gefördert werden.

5.   Der Aufbau des Sozialismus in der DDR

T 1 / 17. Juni 1953

1
Störungen in der Wirtschaft
führten zu Unzufriedenheit und
Mißstimmung unter den kleinbürgerlichen Schichten der Be-
5 völkerung und auch einem Teil
der Arbeiter. Die imperialistischen Kräfte fürchteten aber die
Festigung der Lage in der DDR.
Am 17. Juni 1953 gelang es den
10 Agenten in Berlin und einigen
anderen Orten der Republik,
einen kleinen Teil der Werktätigen zu zeitweiligen Arbeitsniederlegungen und Demonstra-
15 tionen zu verleiten. Gruppen
von Provokateuren und Krimi-
nellen legten Brände und forderten den Sturz der Arbeiter- und
Bauern-Macht. Durch das ent-
20 schlossene Handeln der fortge-
schrittensten Teile der Arbeiterklasse und gemeinsam mit den
sowjetischen Streitkräften und
bewaffneten Organen der DDR
25 brach der konterrevolutionäre
Putsch innerhalb von 24 Stunden zusammen.

(Nach: Geschichte Klasse 10, Berlin [Ost]
1971, S. 169 f.)

T 2 / Registrierte Flüchtlinge aus der DDR in die BRD

1949	129 245
1950	197 788
1951	165 648
1952	182 393
1953	331 390
1954	184 198
1955	252 870
1956	279 189
1957	261 622
1958	204 092
1959	143 917
1960	199 188
1961 (bis 13. 8.)	207 026
Gesamt	2 738 566

(nach Helge Heidemeyer, Flucht und
Zuwanderung aus der SBZ/DDR, Düsseldorf
1994, S. 45)

Arbeitsaufträge

1. Welche Ursachen für den Aufstand des 17. Juni 1953 führt der Text an?

2. Welche Situation löste 1953 laut Chronologie und Sachinformationen den Aufstand aus?

3. Welche Konsequenzen zog die Führung der DDR aus den Ereignissen des 17. Juni? Wie reagierte die Bevölkerung?

CHRONOLOGIE

1949

25. – 28. Januar: SED stellt sich als **„Partei neuen Typs"** vor und bekennt sich zum **„demokratischen Zentralismus"** auf ihrer ersten Parteikonferenz in Ost-Berlin.

29. Mai – 3. Juni: Der 3. Volkskongress verabschiedet die Verfassung der DDR.

1950

1. Mai: „Gesetz der Arbeit" garantiert jedem Bürger einen seinen Fähigkeiten entsprechenden Arbeitsplatz („Gleicher Lohn für gleiche Arbeit").

20. – 24. Juli: III. Parteitag der SED. Verschärfung der Aufnahmebedingungen und zunehmende Umwandlung in eine Kaderpartei stalinistischen Typs

30. August: Der Freie Deutsche Gewerkschaftsbund (FDGB) erkennt die Führungsrolle der SED an.

8. November: Errichtung der Staatlichen Plankommission als zentrales Wirtschaftslenkungsorgan

1951

1. Januar: Grundsteinlegung für den ersten Hochofen des „Eisenhüttenkombinats Ost" = äußeres Zeichen für den Primat der Schwerindustrie

1. November: Erster Fünfjahresplan: Verdoppelung der Industrieproduktion, Steigerung der Arbeitsproduktivität

1952

Bildung der ersten Landwirtschaftlichen Produktionsgenossenschaften (**LPG**), die zum Jahresende noch weniger als 7% der Nutzfläche bewirtschaften.

19. Dezember: Dreistufenplan zur Kollektivierung der Landwirtschaft

1953

28. Mai: Regierung beschließt Erhöhung der Arbeitsnormen um 10 Prozent.

9. Juni: Auf Druck Moskaus gesteht SED schwere Fehler ein und verkündet den „Neuen Kurs": Verbesserung der Lebenshaltung, Zurücknahme der Preissteigerungen, jedoch nicht der Normerhöhung.

17. Juni: Streiks weiten sich zum Volksaufstand gegen das SED-Regime aus. Die Rote Armee setzt zur Niederschlagung Panzer ein.

3. Juli: Normenerhöhung wird zurückgenommen.

24. Juli: „Neuer Kurs" wird beschlossen: Steigerung der Nahrungs- , Genussmittel- und Konsumgüterproduktion.

1955

18. August: Verordnung über Produktionsgenossenschaften des Handwerks (PGH), auf dessen Grundlage private Einzelbetriebe vor allem im handwerklichen Bereich zusammengeschlossen werden sollen.

1956

24. – 30. März: Auf dem
3. Parteikongress der SED
wird der 2. Fünfjahresplan
(1956 – 1961) beschlossen.
Chruschtschows Bericht über
die Verbrechen der **Stalinzeit**
löst Diskussionen aus;
das Machtmonopol der SED
bleibt aber bestehen.

1957

Die kurze Phase der
Entstalinisierung wird
durch eine Rede Ulbrichts
(„revisionistische
Auffassungen") beendet.

Schrittweise Einführung
der 45-Stunden-Woche

1958

10. – 16. Juli: 5. Parteitag
der SED. Ökonomische
Hauptaufgabe: Steigerung
des Pro-Kopf-Verbrauchs
bei allen Konsumgütern und
Übertreffen der entsprechenden
Werte der BRD bis 1961.
Die „Zehn Gebote der
sozialistischen Moral"
werden verabschiedet.

1959

3. Juni: Gesetz über
die landwirtschaftlichen
Produktionsgenossenschaften
wird verabschiedet.

1960

14. April: Abschluss der
Zwangskollektivierung der
Landwirtschaft

17. Dezember: Volkswirtschafts-
plan für 1961 und laufender
Siebenjahrplan müssen
wegen zu hoch gesteckter
Ziele geändert werden.

1961

16. – 19. März: Auf der
12. ZK-Tagung wird vergeblich
nach einer Lösung für die
wirtschaftlichen Schwierigkeiten
gesucht.

12. April: Arbeitsgesetzbuch
der DDR wird verabschiedet:
kein Streikrecht, eingeschränkte
Freizügigkeit, Arbeitsplatz-
garantie.

13. August: Bau der Mauer
in Berlin

SACHINFORMATIONEN

„Antifaschistisch-demokratische Umwälzung"

Diese Phase wurde als Meilenstein auf dem Weg zum „realen Sozialismus" angesehen. Ergebnis dieser „Umwälzung" waren im *ökonomischen Bereich* die Aufhebung des Privateigentums in der Industrie, die Zerschlagung des Großgrundbesitzes (Bodenreform) und die Verstaatlichung des Bankwesens; im *politischen Bereich* die Errichtung der Vormachtstellung der Kommunisten (Gründung der SED, Antifa-Block); im *gesellschaftlichen Bereich* die Einbindung der Menschen in Kollektive und die Erziehung zu einem Kollektivbewusstsein (Massenorganisationen, Schulreform).

Demontage

Demontageverluste in der SBZ Ende 1946 in Prozent der Kapazität von 1936:

Industriezweig	Deutsche Schätzung	Englische Schätzung
Eisengießerei und Hüttenwerke	50 – 55	80
Schwermaschinenindustrie	55 – 63	55
Kfz-Industrie	55 – 63	55
Elektroindustrie	55 – 63	60
Feinmechanische und Optische Ind.	55 – 63	60
Zellstoff- und Papierindustrie	40 – 50	45
Stickstoffindustrie	50 – 55	60
Textilindustrie	20 – 30	15

(Klaßmann, C.: Die doppelte Staatsgründung, hrsg. von der Bundeszentrale für politische Bildung, Bonn 1982, S. 36)

LPG

(Landwirtschaftliche Produktionsgenossenschaft) Seit 1952 eingeleitete, erzwungene Zusammenfassung bäuerlicher Betriebe zu größeren Einheiten. 1960 erreicht die Kollektivierung ihren Höchststand. Über 900 000 Bauern sind in den über 19 000 LPGs organisiert und bewirtschaften 92,5% der landwirtschaftlichen Nutzfläche. Außerdem werden die meisten Dörfer zu „Kooperativen" zusammengeschlossen, die sich auf bestimmte pflanzliche oder tierische Produkte spezialisieren.

„Planmäßiger" Aufbau des Sozialismus

Nach einem Beschluss der zweiten Parteikonferenz von 1952 sollte der Aufbau des Sozialismus rigoros vorangetrieben werden durch verstärkte Kollektivierung in der Landwirtschaft, Verstaatlichung und Intensivierung der Schwerindustrie zu Lasten der Konsumgüterindustrie.

Stalinismus

Zunächst wurde darunter eine Fortentwicklung des Marxismus-Leninismus verstanden, die den Aufbau des Sozialismus im eigenen Land in den Mittelpunkt stellte. Die Schwerindustrie und die Kollektivierung der Landwirtschaft wurden rigoros vorangetrieben, um eine weitgehende Unabhängigkeit vom Ausland zu erlangen. Seit dem XX. Parteitag der KPdSU wurde damit auch eine autoritäre, vom Personenkult geprägte Parteihierarchie in Verbindung gebracht. Politische Gegner und innerparteiliche Kritiker wurden ihrer Ämter enthoben, interniert und vielfach auch ermordet.

Partei neuen Typs

Ab 1948 wandelte sich die SED in eine stalinistisch-kommunistische Partei mit absolutem Führungsanspruch. Der *demokratische Zentralismus*, das heißt die völlige Unterordnung der Parteigremien unter die ihr übergeordneten Organe bei gleichzeitiger Ausschaltung der innerparteilichen Demokratie, wurde zum Prinzip der Partei. Mit der Schaffung eines *Politbüros* übernahm man die Struktur der KPdSU. Ein Zentralsekretariat und das Zentralkomitee (ZK), das sich aus den Mitgliedern des Politbüros und des Zentralsekretariats zusammensetzte, bildeten die Spitze des hierarchischen Aufbaus der SED.

Die forcierte Umwandlung in eine „Partei neuen Typs" richtete sich besonders auch gegen die in der SED noch verbliebenen Sozialdemokraten und Anhänger des Kurses des jugoslawischen Parteiführers Tito. Hunderttausende von Mitgliedern wurden ausgeschlossen und die Aufnahme in die Partei nur nach eingehender Prüfung gestattet.

VEB

Volkseigener, in sozialisiertes Gemeineigentum überführter Betrieb in der DDR. Auf Befehl der sowjetischen Militärverwaltung wurden seit 1948 VEBs gebildet. Hatten sie anfänglich eine gewisse kommunale Eigenständigkeit, so wurden sie Anfang der 50er Jahre der zentralen Planungswirtschaft nach sowjetischem Vorbild unterstellt.

Volksaufstand des 17. Juni

Die Ursachen des Aufstandes lagen in der noch extrem schlechten Versorgung mit Konsumgütern im Vergleich zu der Situation in der Bundesrepublik.

Eine weitere Ursache ist in der Unterdrückung der Bevölkerung durch die SED zu sehen. So bildete die Erhöhung der Arbeitsnormen den Anlass für den Aufstand gegen das Regime, doch schon bald wurden auch Forderungen nach freien Wahlen und nach einer Wiedervereinigung laut. Die staatlichen Stellen verloren schnell die Kontrolle über die Erhebung, die nur mithilfe der Roten Armee niedergeschlagen werden konnte. Die russischen Panzer sicherten somit nicht nur die Macht der SED, sondern auch das Überleben des Systems.

SAG

Im Zuge der Reparationsvereinbarungen und Demontage wichtiger Industriebetriebe beschlagnahmte die UdSSR 213 Betriebe und führte sie mit deutschen Arbeitern als **Sowjetische Aktiengesellschaften** (SAG) weiter. Dadurch wurden Demontage und damit Verlust der Arbeitsplätze vermieden. 1953 konnte die DDR diese Betriebe zurückkaufen.

Zusammenfassung

Die soziale und wirtschaftliche Entwicklung in beiden deutschen Staaten

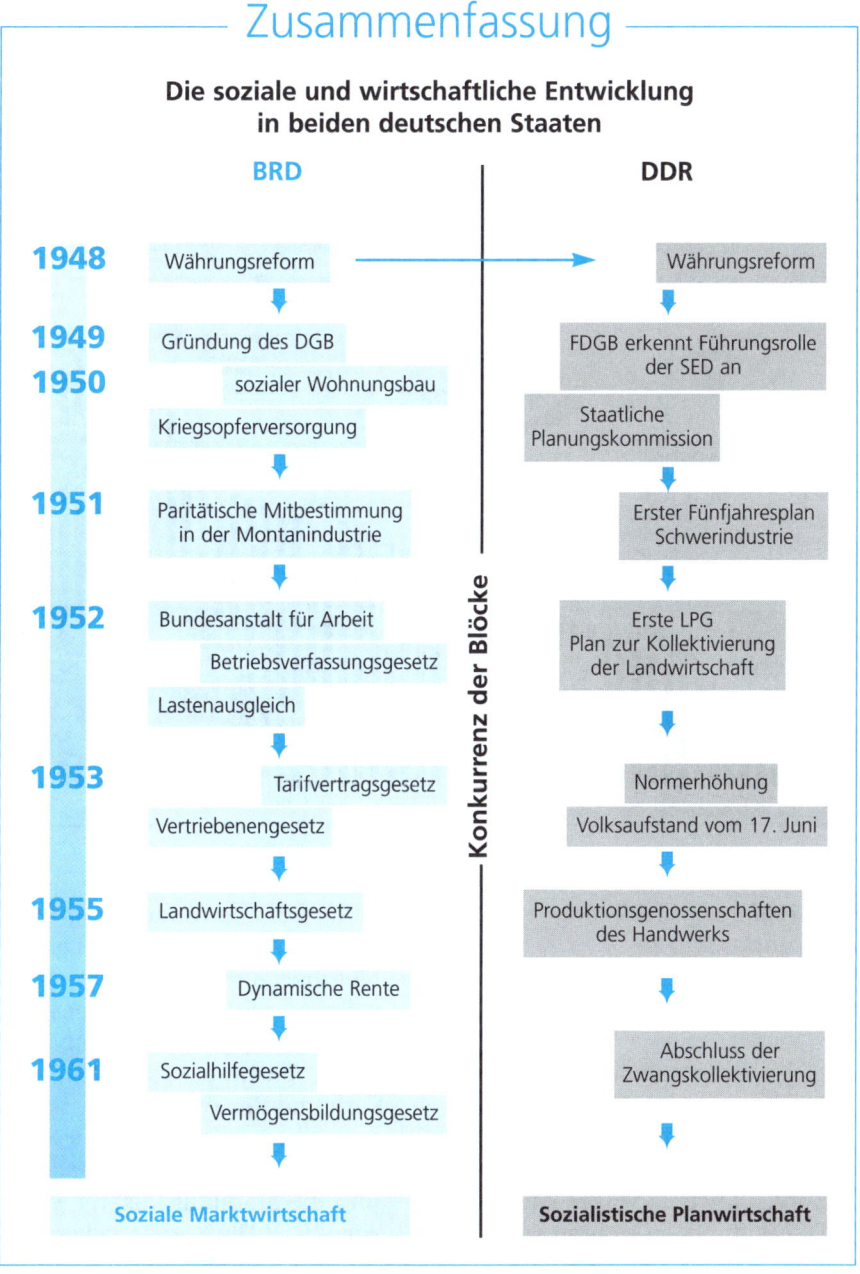

	BRD	DDR
1948	Währungsreform	Währungsreform
1949	Gründung des DGB	FDGB erkennt Führungsrolle der SED an
1950	sozialer Wohnungsbau	Staatliche Planungskommission
	Kriegsopferversorgung	
1951	Paritätische Mitbestimmung in der Montanindustrie	Erster Fünfjahresplan Schwerindustrie
1952	Bundesanstalt für Arbeit	Erste LPG Plan zur Kollektivierung der Landwirtschaft
	Betriebsverfassungsgesetz	
	Lastenausgleich	
1953	Tarifvertragsgesetz	Normerhöhung
	Vertriebenengesetz	Volksaufstand vom 17. Juni
1955	Landwirtschaftsgesetz	Produktionsgenossenschaften des Handwerks
1957	Dynamische Rente	
1961	Sozialhilfegesetz	Abschluss der Zwangskollektivierung
	Vermögensbildungsgesetz	
	Soziale Marktwirtschaft	**Sozialistische Planwirtschaft**

Konkurrenz der Blöcke

75

6.   Die Große Koalition 1966 – 1969

T 1 / Konjunkturentwicklung 1950 – 1999

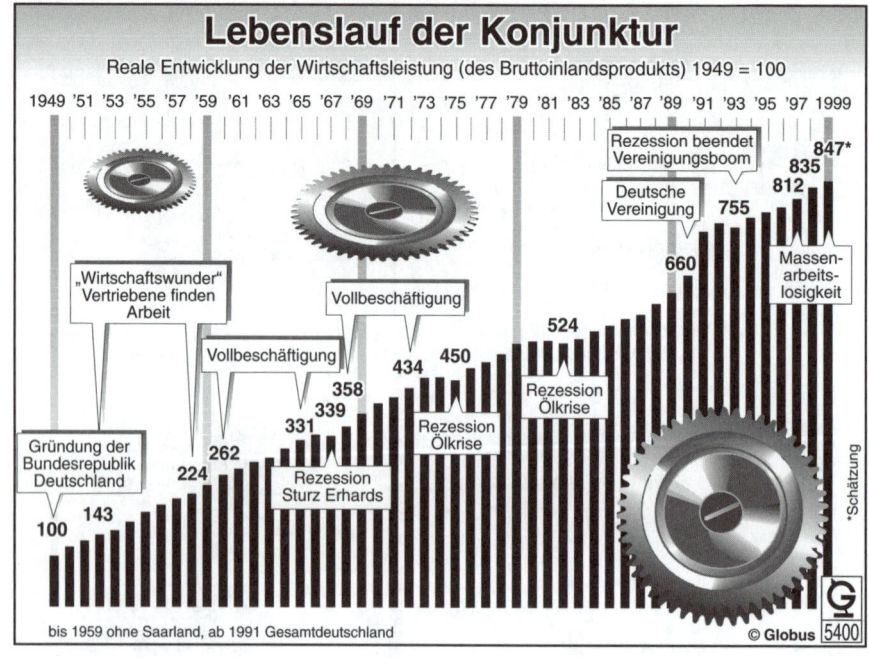

Lebenslauf der Konjunktur

Reale Entwicklung der Wirtschaftsleistung (des Bruttoinlandsprodukts) 1949 = 100

1949 '51 '53 '55 '57 '59 '61 '63 '65 '67 '69 '71 '73 '75 '77 '79 '81 '83 '85 '87 '89 '91 '93 '95 '97 1999

Rezession beendet Vereinigungsboom — 847*

835

Deutsche Vereinigung — 755 — 812

660

"Wirtschaftswunder" Vertriebene finden Arbeit

Vollbeschäftigung

Massen-arbeits-losigkeit

Vollbeschäftigung

524

450

434

358

339

Rezession Ölkrise

331

Rezession Ölkrise

Gründung der Bundesrepublik Deutschland

262

224

Rezession Sturz Erhards

143

100

*Schätzung

bis 1959 ohne Saarland, ab 1991 Gesamtdeutschland

© Globus 5400

T 2 / Regierungserklärung von Bundeskanzler Kurt Georg Kiesinger vom 13. Dezember 1966

1 [...] Das ist ohne Zweifel ein Markstein in der Geschichte der Bundesrepublik, ein Ereignis, an das sich viel Hoffnungen und
5 Sorgen unseres Volkes knüpfen. Die Hoffnungen richten sich darauf, daß es der *Großen Koali-*tion, die über eine so große, zwei Drittel weit übersteigende
10 Mehrheit im Bundestag verfügt, gelingen werde, die ihr gestellten schweren Aufgaben zu lösen, darunter vor allem die Ordnung der öffentlichen Haus-
15 halte [...], die Sorge für das Wachstum unserer Wirtschaft und die Stabilität unserer Währung. [...] Die Sorgen vieler gelten den möglichen Gefahren

20 einer Großen Koalition, der nur eine verhältnismäßig kleine Opposition gegenübersteht.

Wir sind entschlossen, soviel an uns liegt, die auf uns gesetzten
25 Hoffnungen zu erfüllen und die befürchteten Gefahren abzuwehren. [...] Die stärkste Absicherung gegen einen möglichen Mißbrauch der Macht ist
30 der feste Wille der Partner der Großen Koalition, diese nur auf Zeit, also bis zum Ende dieser Legislaturperiode, fortzuführen. [...]

(Verhandlungen des Deutschen Bundestages 1966/67, Bd. 63, S. 3656 ff.)

Arbeitsaufträge

1. *Setzen Sie die Grafik in Beziehung zum Text. Welchen Zusammenhang erkennen Sie?*

2. *Machen Sie sich die Bedeutung einer $2/3$-Mehrheit im Bundestag deutlich. Welche Gefahren könnten von einer Großen Koalition ausgehen?*

3. *Welche Aufgaben hatte die Koalition vorrangig zu lösen?*

4. *Informieren Sie sich über die Zielsetzung der so genannten „Außerparlamentarischen Opposition".*

CHRONOLOGIE

1961

7. November: Konrad Adenauer (CDU) zum vierten Mal zum Bundeskanzler gewählt

1962

21. März: Erster Maßhalteappell des Wirtschaftsministers Ludwig Erhard.

26. Oktober: „Spiegelaffäre"

1963

22. Januar:
Deutsch-französischer Freundschaftsvertrag

7. März: Die Bundesrepublik und Polen unterzeichnen ein Handelsabkommen. Errichtung einer Handelsvertretung in Warschau

23.-26. Juni: Besuch des amerikanischen Präsidenten Kennedy in Berlin

15. Juli: SPD-Politiker Egon Bahr prägt die Formel für die Deutschlandpolitik: **„Wandel durch Annäherung"**.

15. Oktober: Konrad Adenauer tritt gemäß Koalitionsvereinbarung als Kanzler zurück.

16. Oktober: Ludwig Erhard (CDU) zum neuen Bundeskanzler gewählt

1964

14. Februar: Einsetzung der „Fünf Weisen", des Sachverständigenrates zur Begutachtung der wirtschaftlichen Entwicklung

28. November: Gründung der NPD als rechtsextreme Sammelpartei

1965

20. Oktober: Ludwig Erhard (CDU) wird erneut zum Bundeskanzler gewählt.

1966
Erste schwere Nachkriegsrezession

27. Oktober: Die FDP beendet die Regierungskoalition mit der CDU.

26. November: CDU/CSU und SPD einigen sich auf eine **Große Koalition**.

1. Dezember: Kurt Georg Kiesinger wird Bundeskanzler, Willy Brandt (SPD) wird Außenminister und stellvertretender Kanzler. Kiesinger erklärt Bereitschaft, Kontakt mit der DDR-Führung aufzunehmen.

1967

14. Februar: Die **„Konzertierte Aktion"** tagt zum ersten Mal.

23. Februar: Erstes Investitionsprogramm des Bundes

19. April: Adenauer stirbt

10. Mai: Stabilitätsgesetz wird verabschiedet.

2. Juni: Der Student Benno Ohnesorg wird während einer Demonstration gegen den **Besuch des Schahs** von der Polizei erschossen.

1968

1. Januar: Einführung einer 10%igen Mehrwertsteuer

11. April: Attentat auf Rudi Dutschke (SDS). Studentenunruhen.

Ende der Wirtschaftskrise zeichnet sich ab.

30. Mai: Verabschiedung der **Notstandsgesetze** durch den Bundestag

1969

5. März: Gustav Heinemann (SPD) wird zum Bundespräsident gewählt.

30. Mai: Bundesregierung modifiziert Hallstein-Doktrin.

21. Oktober: Willy Brandt (SPD) wird Bundeskanzler, Walter Scheel (FDP) Außenminister und stellvertretender Bundeskanzler.

SACHINFORMATIONEN

APO (Außerparlamentarische Opposition)

Der während der Großen Koalition einsetzende Bedeutungsverlust der Opposition und der damit verbundene Funktionsverlust des Parlaments löste bei einem großen Teil, v. a. der akademischen Jugend, ein Unbehagen am politischen und gesellschaftlichen System der BRD aus. Es entstand die „Außerparlamentarische Opposition", die sich mit ihren Forderungen an das parlamentarische System und die etablierten Parteien wandte.

Die wichtigsten Antriebskräfte der APO waren

- die Forderung nach einer Reform der Hochschulen,
- die Schwäche der parlamentarischen Opposition gegenüber der Regierung der Großen Koalition,
- die geplante Notstandsgesetzgebung, die nach Auffassung der APO den demokratischen Rechtsstaat gefährdete,
- die Kriegsführung der USA in Vietnam sowie die Bürgerrechtsbewegung in den USA, die gleiche Rechte für die schwarze Bevölkerung forderte.

Deutsch-französischer Freundschaftsvertrag

Dieser Vertrag war das Ergebnis der Aussöhnungspolitik zwischen Adenauer und dem französischen Präsidenten Charles de Gaulle. Der Vertrag beinhaltete u. a. ein jährlich zweimaliges Treffen beider Regierungen und die Beratung der Außenminister vor jeder wichtigen außenpolitischen Entscheidung.

Die Große Koalition
(1.12.1966 – 20.10.1969)

Bundeskanzler	Kurt Georg Kiesinger (CDU)
Stellvertreter und Auswärtiges	Willy Brandt (SPD)
Inneres	Paul Lücke (CDU); Nachfolger: Ernst Benda (CDU)
Justiz	Gustav Heinemann (SPD); Nachfolger: Horst Ehmke (SPD)
Finanzen	Franz Josef Strauß (CSU)
Wirtschaft	Karl Schiller (SPD)
Ernährung, Landwirtschaft, Forsten	Hermann Höcherl (CSU)
Arbeit und Sozialordnung	Hans Katzer (CDU)
Verteidigung	Gerhard Schröder (CDU)
Verkehr	Georg Leber (SPD)
Gesamtdeutsche Fragen	Herbert Wehner (SPD)

Frankfurter Schule

Bezeichnung für einen Kreis von Philosophen und Soziologen, die seit den dreißiger Jahren dem Frankfurter Institut für Sozialforschung angehörten. Nach dem Ende des Nationalsozialismus kehrten einige ihrer Mitglieder aus der Emigration zurück und wurden mit ihren radikal-kritischen Schriften zum Kapitalismus, seiner Kultur und Ideologie zu einer der führenden und einflussreichsten (→ SDS) philosophischen Strömungen des 20. Jahrhunderts.

Hallstein-Doktrin (modifizierte)

Die Aufnahme politischer Beziehungen zur DDR durch Dritte wurde weiterhin als unfreundlicher Akt gegenüber der BRD betrachtet. Dennoch setzte die Bundesregierung dieses diplomatische Mittel bei Nichtbefolgung nicht mehr ein.

Konzertierte Aktion

Sollte eine der vier Vorgaben des → Stabilitätsgesetzes gefährdet sein, so stellte die Bundesregierung Orientierungsdaten für ein „gleichzeitiges miteinander abgestimmtes Verhalten" (Konzertierte Aktion) zur Verfügung. Gewerkschaften, Unternehmensverbände, Industrie- und Handelskammern sollten gemeinsam über eine Lösung beraten, ohne dass ihre Tarifautonomie dadurch beschränkt wurde. Dieses vom SPD-Wirtschaftsminister *Karl*

Schiller ins Leben gerufene ergänzende Instrument zum Stabilitätsgesetz zeigte auch anfänglich Erfolge. Die Rezession konnte überwunden werden und die Arbeitslosenzahlen gingen zurück. Danach wurde es allerdings wieder schwerer, Arbeitgeber und Arbeitnehmer zu einer gemeinsamen Vorgehensweise zu bewegen.

Notstandsgesetze

Die Notstandsgesetze ergänzten das GG für den Fall eines inneren oder äußeren Notstands sowie für den Fall von Naturkatastrophen und außergewöhnlichen Unfällen. Das Gesetzeswerk verfolgte drei Ziele:

1. Abwehrmöglichkeiten für Situationen zu schaffen, die den Bestand des Staates bedrohen könnten,
2. die Ablösung der alliierten Truppen, die noch zur Sicherung in der BRD standen, zu erreichen und
3. die Erhaltung der freiheitlichen Grundordnung in Notzeiten zu gewährleisten.

Die Notstandsgesetze erlaubten es der BRD zwar, die volle Souveränität zu erlangen, weil die Übernahme des bisher von den alliierten Streitkräften gewährten Schutzes nun in deutsche Hände übergehen sollte.

Das Gesetz war politisch jedoch heftig umstritten, da seine Gegner darin eine Aushöhlung der Grundrechte und im Krisenfall eine Entmachtung des Parlaments befürchteten.

Nationaldemokratische Partei Deutschlands (NPD)

1964 schließt sich die Deutsche Reichspartei (DRP) mit der Deutschen Partei (DP) zur NPD zusammen. Die Partei versteht sich als Sammelbecken für alle national gesinnten Deutschen und wendet sich gegen den „Monopolanspruch der Bonner Parteien". Die Große Koalition führt zu einer Wählerwanderung hin zu den extremen Rändern. So gelingt es der NPD 1966 in die Landtage von Hessen und Bayern einzuziehen und ihre Zugewinne in den Jahren der Rezession weiter auszubauen. Mitte der 70er Jahre gingen die Stimmenanteile der NPD auf unter 1% zurück.

Schahbesuch in Berlin

Anlässlich des Besuchs von Schah Reza Pahlevi, von der APO als Vertreter eines staatsterroristischen Unterdrückungssystems im Iran angesehen, kam es am 2. Juni 1967 in Berlin zu Zusammenstößen zwischen Demonstranten und der Polizei. In deren Verlauf wurde der 26-jährige Student *Benno Ohnesorg* von einem Polizeibeamten erschossen. Sein Tod löste in vielen Städten der BRD Studentenunruhen aus.

SDS (Sozialistischer Deutscher Studentenbund)

Der SDS bildete in den 60er Jahren den Kern der APO und entwickelte sich zu einer straff organisierten Studentengruppe, die in intensiven Theoriedebatten ihre Kritik von der Atomwaffendebatte auf wirtschaftliche, gesellschaftliche und politische Problemfelder ausweitete. Einflussreichster Wortführer war *Rudi Dutschke*, der am 11. April 1968 durch einen Mordanschlag schwer verletzt wurde. Dies führte zu den schwersten Straßenunruhen in der Geschichte der BRD. Der Protest richteten sich v. a. gegen den Axel Springer Verlag und die Bild-Zeitung, wo man die geistige Urheberschaft für das Attentat sah.

Ausgangspunkt für den SDS war die Forderung nach einer Reform der Hochschulen, hin zu einer stärkeren Demokratisierung und neuen Studiengängen und Prüfungsordnungen. Ideologisch orientierte sich der SDS am Marxismus, wobei auch die → Frankfurter Schule um *Theodor W. Adorno* und *Max Horkheimer* sowie *Herbert Marcuse* einflussreich wurden.

Spiegelaffäre

Der *Spiegel* hatte am 10. Oktober 1962 einen kritischen Bericht über den Zustand der NATO veröffentlicht, den Verteidigungsminister Strauß und Bundeskanzler Adenauer als Landesverrat bezeichneten. Auf Veranlassung von Strauß wurden der Autor des Artikels und der Herausgeber des Spiegels, Rudolf Augstein, verhaftet und die Spiegel-Redaktion durchsucht. Die Rechtmäßigkeit der Aktion war äußerst zweifelhaft, außerdem wurde das Vorgehen als Bedrohung der Pressefreiheit einhellig verurteilt. SPD und auch der Koalitionspartner Adenauers, die FDP, forderten die Entlassung von Strauß. Um einen Einzelrücktritt zu umgehen, traten daraufhin sämtliche CDU/CSU-Minister zurück.

Stabilitätsgesetz
Das „Gesetz zur Förderung der Stabilität und des Wachstums in der Wirtschaft" vom 10. Mai 1967 verpflichtete die Bundesregierung zur Wahrung der Vorgaben des so genannten „magischen Vierecks"

aus Preisstabilität, hohem Beschäftigungsstand, Wirtschaftswachstum und außenwirtschaftlichem Gleichgewicht. Das Gesetz stellt dar, welche Maßnahmen von der öffentlichen Hand zur Belebung der Konjunktur zu ergreifen sind. Dies ist eine Abkehr von der Wirtschaftspolitik Erhards, der ganz auf die Selbstregulierungskräfte des Marktes vertraute.
Wird eines der genannten Ziele gefährdet, so soll über eine → Konzertierte Aktion Abhilfe geschaffen werden.

Wandel durch Annäherung
Formel – 1963 von Staatssekretär Egon Bahr geprägt –, die von der Vorstellung ausging, dass die deutsche Frage nur im Rahmen eines weltweiten Entspannungsprozesses zu lösen sei, nicht gegen ihn. Die Wiedervereinigung sei „nicht ein einmaliger Akt, sondern ein Prozess mit vielen Schritten".

7. Die DDR: Politik der Abgrenzung und Konkurrenz zur Bundesrepublik

T 1 / Ein Mitglied des Politbüros vor Soldaten der Berliner Grenztruppen der NVA

1 Ich sage, jeder Schuß aus der Maschinenpistole eines unserer Grenzsicherungsposten zur Abwehr solcher Verbrechen rettet
5 in der Konsequenz Hunderten von Kameraden, rettet Tausenden Bürgern der DDR das Leben und sichert Millionenwerte an Volksvermögen.
10 Ihr schießt nicht auf Bruder und Schwester, wenn ihr mit der Waffe den Grenzverletzer zum Halten bringt. Wie kann der euer Bruder sein, der die Republik
15 verrät, der die Macht des Volkes verrät, der die Macht des Volkes antastet! Auch der ist nicht unser Bruder, der zum Feinde desertieren will. Mit Verrätern
20 muß man sehr ernst sprechen. Verrätern gegenüber menschliche Gnade zu üben, heißt unmenschlich am ganzen Volk handeln.

(Aus: „Volksarmee", Nr. 41/1963.
In: Informationen zur politischen Bildung
Nr. 233, S. 5)

T 2 / Walter Ulbricht, 1963

1 Somit verschwindet auch jegliche Grundlage für die bisher übliche kleinliche Bevormundung der VVB[1] und der volkseigenen
5 Betriebe. Wenn wir hier die Verantwortung und die materielle Interessiertheit richtig festlegen, so werden auch alle konkreten Einzelfragen an Ort
10 und Stelle sachgemäß vorbereitet und einwandfrei gelöst werden. [...]
Heute gilt der Grundsatz des höchsten ökonomischen Nutz-
15 effekts. [...] Es genügt nicht mehr, einfach von der „Steigerung der Produktion" oder der „Erfüllung der Pläne" zu sprechen.
20 In der Diskussion wurde vielfach gefordert, dem Gewinn im System der sozialistischen Wirtschaftsführung und bei der materiellen Interessiertheit eine
25 größere Bedeutung beizumessen, als dies bisher der Fall war. Das ist richtig. [...] Im Gewinn spiegelt sich in bedeutendem Maße wider, wie der Betrieb sei-
30 nen Aufwand an vergegenständlichter Arbeit senkt, wie er seine

Erzeugnisse verkauft und der Volkswirtschaft bedarfsgerecht in hoher Qualität zur Verfügung
35 stellt.

(Walter Ulbricht: Rede auf dem 6. Parteitag am 15. Januar 1963. In: Informationen zur politischen Bildung Nr. 231, S. 62)

Arbeitsaufträge

1. *Mit welcher Argumentation versucht T 1 die Grenzabriegelung und den Schießbefehl zu begründen?*

2. *Welche Änderungen der wirtschaftlichen Konzeption lassen sich aus Ulbrichts Rede ablesen?*

3. *In welchem Zusammenhang könnten beide Texte zur Errichtung der Berliner Mauer 1961 stehen?*

---

1 Vereinigung volkseigener Betriebe

CHRONOLOGIE

1961

13. August: Bau der **Berliner Mauer**

16. August: Für Einwohner der DDR wird die Grenze zur Bundesrepublik und zwischen Ost- und Westberlin gesperrt.

1962

24. Januar: Die Volkskammer verabschiedet das Gesetz zur Einführung der allgemeinen Wehrpflicht (Kriegsdienstverweigerung ist nicht möglich).

24. Mai: Errichtung des Volkswirtschaftsrates (VWR) als zentrales Wirtschaftsplanungsorgan

22. August: Unter Protest der Westmächte wird Ostberlin zur Hauptstadt der DDR.

1963

15. – 21. Januar: VI. Parteitag der SED: Übergang vom Kapitalismus zum Sozialismus ist abgeschlossen. Es gilt nun, den „entwickelten Sozialismus" zu schaffen.

25. Juni: Einführung des „Neuen Ökonomischen Systems der Planung und Leitung der Volkswirtschaft" (**NÖSPL**)

17. Dezember: Erstes Passierscheinabkommen: Westberliner können das erste Mal seit dem Mauerbau ihre Verwandten in Ostberlin besuchen.

1964

2. Januar: Neue Personalausweise mit dem Vermerk „Bürger der Deutschen Demokratischen Republik"

12. Juni: Freundschaftsvertrag mit der SU: Existenz zweier deutscher Staaten, Westberlin als „selbstständige politische Einheit"

9. September: Rentner dürfen einmal im Jahr ausreisen bzw. ganz in die BRD übersiedeln.

24. September: Zweites Passierscheinabkommen

1. Dezember: Einführung des „Mindestumtauschs" für Bürger des „nichtsozialistischen Auslandes"

1967

1. Januar: Ulbricht lehnt eine baldige Wiedervereinigung ab. Es geht um ein geregeltes Neben- und Miteinander beider deutscher Staaten.

8. – 10. Februar: Ulbricht-Doktrin: kein Staat des Warschauer Paktes darf Botschafter mit der BRD austauschen, solange diese am „Alleinvertretungsanspruch" festhält. (→ Hallstein-Doktrin)

20. Februar: Einführung einer eigenen DDR-Staatsbürgerschaft

10. Mai: Erster deutschdeutscher Notenwechsel

1968

8. April: Neue Verfassung der DDR tritt in Kraft: DDR = „sozialistischer Staat deutscher Nation".

6. – 8. Juni: ZK-Beratungen über Schwierigkeiten des Neuen Ökonomischen Systems

11. Juni: Einführung der Pass- und Visumspflicht für Transit- reisen zwischen BRD und Westberlin

21. August: Einmarsch der Warschauer-Pakt-Truppen in die CSR unter Beteiligung der DDR; Ende des „Prager Frühlings"

1969

1. Januar: Reiseverkehr zwischen BRD und DDR wird durch die Einführung der Visumspflicht erschwert.

10. Juni: Bund der Evangelischen Kirchen in der DDR entsteht.

Die DDR überwindet ihre außenpolitische Isolierung durch die Aufnahme diplomatischer Beziehungen zu einer Reihe asiatischer und afrikanischer Staaten.

SACHINFORMATIONEN

Bildungswesen

Grundlegende Bestandteile des Gesetzes über „das einheitliche sozialistische Bildungssystem" waren:

- die Einrichtung der Vorschulerziehung, die jedoch nicht obligatorisch war;
- die Einrichtung der Berufsausbildung;
- die erweiterte allgemeinbildende Polytechnische Oberschule, die zur Hochschulreife führte;
- die Ingenieur- und Fachschulen;
- die Universitäten und Hochschulen;
- die Aus- und Weiterbildung der Berufstätigen.

Kern war die zehnklassige allgemein bildende Polytechnische Oberschule als obligatorische Gesamtschule für alle Kinder und Jugendlichen. Sie stellte eine Verbindung zwischen Schule und Arbeitswelt dar.

Erziehungsziel war der völlig an das politische System angepasste Mensch, ohne dass dabei auf individuelle Wünsche Rücksicht genommen wurde. Auch die Herausbildung von Selbstständigkeit spielte keine Rolle.

Lebensstandard

Ziel der neuen Wirtschaftspolitik der DDR-Führung war es, die BRD „einholen und überholen zu können". Dies wurde nie annähernd erreicht, brachte aber dennoch eine gewisse Steigerung des Lebensstandards (siehe Grafik oben). Letztendlich scheiterte die → NÖSPL, was sich in der Unzufriedenheit der Bevölkerung manifestierte und zur Ablösung Walter Ulbrichts durch Erich Honecker führte.

Ausstattung mit langlebigen Konsumgütern

Von 100 Haushalten hatten	DDR			BRD
	1960	1965	1969	1969
Waschmaschinen	6	28	48	61
Kühlschränke	6	26	48	84
Fernsehempfänger	17	49	66	73
Pkw und Kombis	5	8	14	47

(Informationen zur Politischen Bildung Nr. 258/1998, S. 24)

NÖSPL

Das „Neue ökonomische System der Planung und Leitung der Volkswirtschaft" hielt zwar am staatlichen Eigentum der Produktionsmittel fest, versuchte aber die Zentralverwaltungswirtschaft leistungsfähiger und flexibler zu machen, indem sie die technisch-wissenschaftliche Intelligenz in Planung und Leitung miteinbezog und „materielle Hebel" zur Steigerung der individuellen und betrieblichen Leistungen ausnutzte (Einsatz von Geldprämien, Urlaubsprämien).

Die Umsetzung der NÖSPL in die Praxis gelangte bald an ihre Grenzen. Das komplizierte Prämien-, Lohn- und Urlaubssystem führte zur Unzufriedenheit, da es von Faktoren abhing, die in der Entscheidung des Betriebes oder der zentralen Planung standen: fehlendes Material, veraltete Maschinen, mangelnde Ersatzteile.

Das grundsätzliche Problem lag darin, dass eine Stärkung von Eigenverantwortung und Eigeninitiative den Führungsanspruch der SED gefährdet hätte.

Mauerbau

Manifestierte einerseits die endgültige Spaltung der Nation, andererseits war die dadurch verhinderte weitere Abwanderung von Arbeitskräften Voraussetzung für einen gewissen wirtschaftlichen Aufschwung in der DDR. Sie entwickelte sich zur zweitgrößten Industriemacht des RGW.

Verfassung von 1968

Sie löste die Verfassung von 1949 ab. Der Führungsanspruch der SED wird darin deutlich formuliert und der Gedanke an eine deutsche Wiedervereinigung zurückgestuft. Realisiert werden könne sie nur unter sozialistischem Vorzeichen. Das Verbot einer Pressezensur, das Streikrecht und das Auswanderungsrecht sind in der neuen Verfassung nicht mehr enthalten. Grundrechte werden zwar formal anerkannt, aber nur, insofern sie nicht im Widerspruch zum Staatsinteresse stehen. Ein Freiraum des Bürgers gegenüber dem Staat wird nicht gewährt.

Zusammenfassung

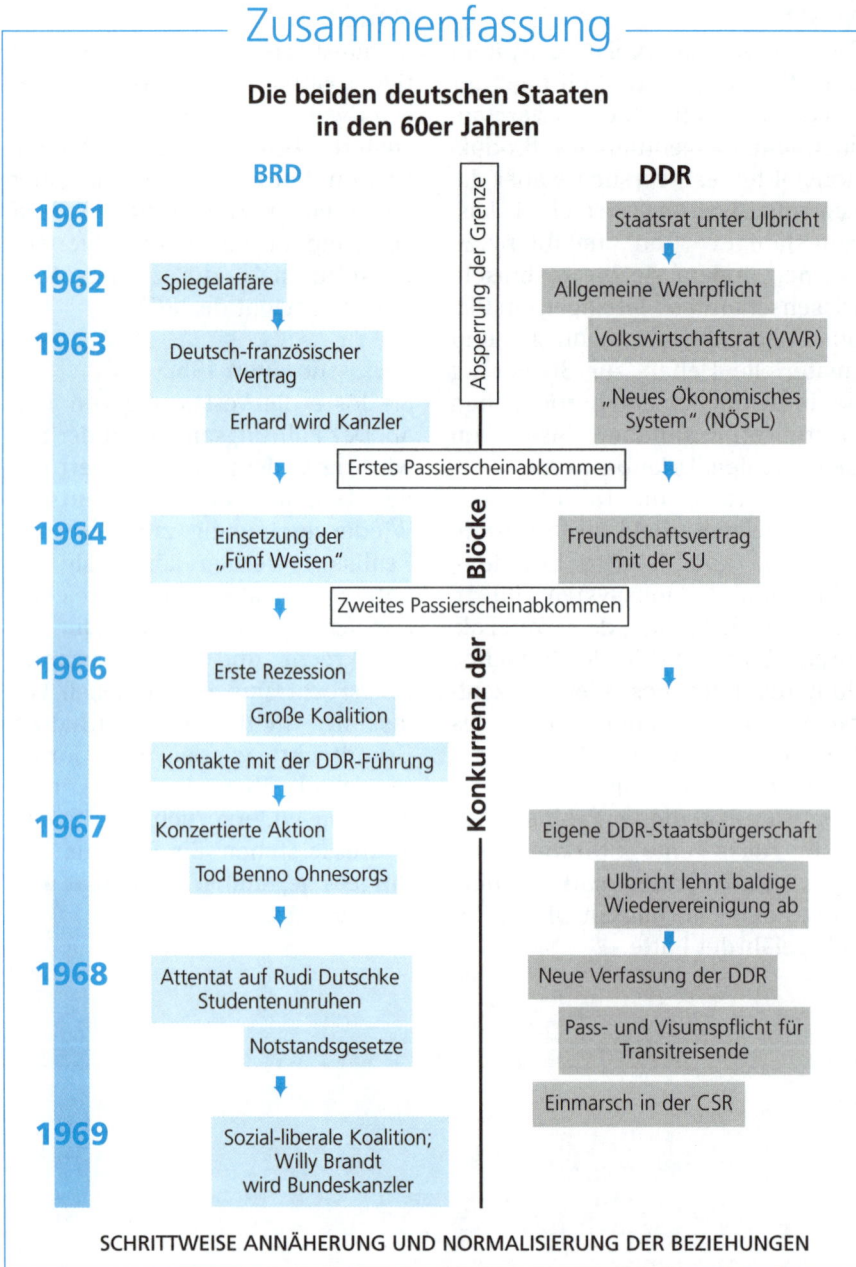

Die beiden deutschen Staaten in den 60er Jahren

BRD — Absperrung der Grenze — **DDR**

Jahr	BRD	DDR
1961		Staatsrat unter Ulbricht
1962	Spiegelaffäre	Allgemeine Wehrpflicht
1963	Deutsch-französischer Vertrag	Volkswirtschaftsrat (VWR)
	Erhard wird Kanzler	„Neues Ökonomisches System" (NÖSPL)
	Erstes Passierscheinabkommen	
1964	Einsetzung der „Fünf Weisen"	Freundschaftsvertrag mit der SU
	Zweites Passierscheinabkommen	
1966	Erste Rezession	
	Große Koalition	
	Kontakte mit der DDR-Führung	
1967	Konzertierte Aktion	Eigene DDR-Staatsbürgerschaft
	Tod Benno Ohnesorgs	Ulbricht lehnt baldige Wiedervereinigung ab
1968	Attentat auf Rudi Dutschke Studentenunruhen	Neue Verfassung der DDR
	Notstandsgesetze	Pass- und Visumspflicht für Transitreisende
		Einmarsch in der CSR
1969	Sozial-liberale Koalition; Willy Brandt wird Bundeskanzler	

Konkurrenz der Blöcke

SCHRITTWEISE ANNÄHERUNG UND NORMALISIERUNG DER BEZIEHUNGEN

E Die sozial-liberale Koalition (1969 – 1983)

1. Einführung

Die neue Ostpolitik

Die **Hallstein-Doktrin** isolierte die DDR außenpolitisch zum Westen hin und die Bundesrepublik gleichermaßen zum Osten hin. Erste Schritte zu einer Annäherung an den Ostblock auf wirtschaftlichem Gebiet fanden bereits unter der Kanzlerschaft Erhards statt, doch blieben sie erfolglos ohne die Einbeziehung der DDR.

Erst durch die Ablösung der CDU als Regierungspartei zeichnete sich ein grundlegender Wechsel in der Ostpolitik ab. **„Wandel durch Annäherung"** umschreibt die Zielsetzung der neuen Ostpolitik unter Brandt und Scheel. Es galt die Existenz zweier deutscher Staaten anzuerkennen und die ursprünglich erst in einem Friedensvertrag mit Polen zu regelnde Oder-Neiße-Grenze. Gesetzliche Regelungen, Verträge und Gewaltverzichtsabkommen sollten dem Sicherheitsbedürfnis der Nachbarn im Osten Rechnung tragen und gleichzeitig den Menschen Erleichterungen bringen.

Brandts Staatssekretär, Egon Bahr, entwarf das Konzept für die Verhandlungen mit der UdSSR und Polen und handelte mit DDR Staatssekretär Michael Kohl den **Grundlagenvertrag** aus. Bereits 1970 konnten die Verträge mit Moskau und Warschau unterzeichnet werden. Dem folgte der Grundlagenvertrag mit der DDR. Die Annäherung intensivierte die Handelsbeziehungen, führte zu kulturellen Begegnungen und erleichterte die Besuche, zumindest von Bundesbürgern in der DDR.

Brandts Politik stieß auf erbitterten Widerstand der Opposition und fand selbst in den eigenen Reihen Gegner. Doch letztlich gab es keine Alternative zu dieser Politik. So scheiterte 1972 der Versuch von Oppositionsführer Barzel, den Kanzler durch ein konstruktives Misstrauensvotum abzulösen. In den im Herbst folgenden Wahlen wurde die SPD zur stärksten Partei gewählt.

Innenpolitische Konflikte

Auch unter Brandts Nachfolger, **Helmut Schmidt**, wurde die Normalisierung im Verhältnis zur DDR fortgeführt. Doch sah sich Schmidt besonders innenpolitischen Konflikten ausgesetzt, die durch dramatische wirtschaftliche Veränderungen noch verschärft und zum Teil auch angeheizt wurden.

Der wirtschaftliche Aufwärtstrend wurde durch die drastische Erhöhung des Ölpreises vehement gestoppt. Eine wachsende **Arbeitslosigkeit** war die Folge. „Alte" Industrien, wie die Stahl- und Textilindustrie, gerieten in eine Strukturkrise, die wiederum eine steigende Zahl von Arbeitslosen zur Folge hatte. Staatliche Konjunkturprogramme konnten die Probleme nicht mehr beseitigen, eine dauerhafte Sockelarbeitslosigkeit war die Folge.

Angesichts der **Ölkrise** schien der forcierte Ausbau der Atomkraft die vernünftigste Lösung für die Energiesicherung zu sein. Dies mobilisierte eine wachsende Zahl von Atomkraftgegnern, die sich aus allen Bevölkerungsschichten rekrutierte und auch militanten Organisationen aus der **APO-Bewegung** eine Plattform bot. Die Diskussion über die Kernenergie wurde auf alle Fragen der Umwelt, ihrer Erhaltung und Gefährdung ausgedehnt und fand in der Partei der Grünen eine Organisation, die unter dem Dach der Ökologie ein breites Spektrum an Weltanschauungen vereinigte.

Seit Anfang der 70er Jahre nahm die Zahl der gewaltsamen Zusammenstöße zwischen Demonstranten und der Polizei zu. Durch den umstrittenen „Extremistenerlass" sollten besonders Sympathisanten der linken Szene vom öffentlichen Dienst ferngehalten werden. Zudem bildeten sich terroristische Organisationen, die durch Attentate und Sprengstoffanschläge das gesellschaftliche System verändern wollten. Der Staat reagierte mit einer Verstärkung der Polizei und einer Verschärfung des Strafrechts. Kritiker dieser Maßnahmen wurden zum Teil ideologisch in die Nähe der Terroristen gerückt.

Trotz der Erfolge in der Entspannungspolitik blieben die atomaren Waffen-arsenale bestehen und wurden auf dem Territorium des Warschauer Pakts sogar noch ausgeweitet. Als die Sowjetunion mit der Stationierung von Mittelstreckenraketen vom Typ SS-20 begann, entschloss sich die Bundesregierung der Stationierung amerikanischer Pershing-Raketen zuzustimmen. Mit dem **Nato-Doppelbeschluss** wollte Kanzler Schmidt einerseits die Bedrohung für den Ostblock sichtbar machen und andererseits Abrüstungsverhandlungen dadurch initiieren. Die atomare Bedrohung und fortgesetzte Aufrüstung führte zu einem breiten Protest in der Bevölkerung, der sich in der **Friedensbewegung** artikulierte und auch von zahlreichen Politikern und Prominenten unterstützt wurde.

Die Regierung Schmidt/Genscher konnte die Bundestagswahlen 1980 zwar erneut gewinnen, doch zeigten sich Meinungsverschiedenheiten in wirtschaftlichen Fragen, die zum Bruch der Koalition führten und 1982 Helmut Kohl durch ein konstruktives Misstrauensvotum mit den Stimmen der FDP zum Kanzler machten.

2. Die neue Ostpolitik

Neue Ostpolitik

1 „[…] Die Voraussetzungen zur Wiedervereinigung sind nur mit der Sowjetunion zu schaffen. Sie sind nicht in Ost-Berlin zu be-
5 kommen, nicht gegen die Sowjetunion, nicht ohne sie. […]
Heute ist klar, daß die Wiedervereinigung nicht ein einmaliger Akt ist […], sondern ein Prozeß
10 mit vielen Schritten und vielen Stationen. […]
Die Zone muß mit Zustimmung der Sowjets transformiert werden. Wenn wir soweit wären,
15 hätten wir einen großen Schritt zur Wiedervereinigung getan. […]
Wenn es richtig ist, und ich glaube, es ist richtig, daß die Zone
20 dem sowjetischen Einflußbereich nicht entrissen werden kann, dann ergibt sich daraus, daß jede Politik zum direkten Sturz des Regimes drüben aus-
25 sichtslos ist. Diese Folgerung ist rasend unbequem und geht gegen unser Gefühl. Sie bedeutet, daß Änderungen und Veränderungen nur ausgehend von dem
30 zur Zeit dort herrschenden verhaßten Regime erreichbar sind. […]
Wir haben gesagt, daß die Mauer ein Zeichen der Schwäche ist.

35 Man könnte auch sagen, sie war ein Zeichen der Angst und des Selbsterhaltungstriebs des kommunistischen Regimes. Die Frage ist, ob es nicht Möglichkeiten
40 gibt, diese durchaus berechtigten Sorgen dem Regime graduell so weit zu nehmen, daß auch die Auflockerung der Grenzen und der Mauer praktikabel wird,
45 weil das Risiko erträglich ist. Das ist eine Politik, die man auf die Formel bringen könnte: Wandel durch Annäherung. Ich bin fest davon überzeugt, daß
50 wir Selbstbewußtsein genug haben können, um eine solche Politik ohne Illusion zu verfolgen, die sich außerdem nahtlos in das westliche Konzept der
55 Strategie des Friedens einpaßt, denn sonst müßten wir auf Wunder warten, und das ist keine Politik.“

(Egon Bahr am 15. Juli 1963 in der Evang. Akademie in Tutzing, Archiv der Gegenwart 1963, S. 10700 f.)

Arbeitsaufträge

1. Analysieren Sie die Aussagen von Egon Bahr unter den Gesichtspunkten
   a) politische Grundposition,
   b) Beurteilung der deutschen Frage,
   c) politische Strategie.

2. Welche konkreten politischen Ergebnisse erbrachte die neue Ostpolitik der Regierung Brandt/Scheel?

CHRONOLOGIE

1969

28. September: Bundestagswahlen: CDU/CSU 46,1%, SPD 42,7%, FDP 5,8%

21. Oktober: Willy Brandt (SPD) wird mit den Stimmen von SPD und FDP zum Bundeskanzler gewählt.

1970

12. August: Bundeskanzler Brandt und Außenminister Walter Scheel unterzeichnen in **Moskau** den deutsch-sowjetischen Vertrag über Gewaltverzicht und Zusammenarbeit.

7. Dezember: Bundeskanzler Brandt und Außenminister Scheel unterzeichnen in **Warschau** den Vertrag zwischen der Bundesrepublik und Polen über die Unverletzlichkeit der Grenzen.

1971

3. September: Unterzeichnung des Vier-Mächte-Abkommens über Berlin

16. – 18. September: Treffen Brandts mit KPdSU-Generalsekretär Breschnew auf der Krim

20. Oktober: Willy Brandt erhält den Friedensnobelpreis.

1972

17. Mai: Nach heftigen Auseinandersetzungen billigt der Bundestag den Moskauer und Warschauer Vertrag.

13. – 14. September: Aufnahme diplomatischer Beziehungen zwischen Bonn und Warschau

1973

11. Dezember: Prager Vertrag

21. Dezember: Aufnahme diplomatischer Beziehungen zu Ungarn und Bulgarien

1974

6. Mai: Brandt tritt als Bundeskanzler zurück.

16. Mai: Der Bundestag wählt Helmut Schmidt (SPD) zum neuen Bundeskanzler.

SACHINFORMATIONEN

Moskauer Vertrag

Die Sowjetunion und die Bundesrepublik verpflichteten sich, „ihre Streitfragen ausschließlich mit friedlichen Mitteln" zu lösen und sich „der Drohung mit Gewalt oder Anwendung von Gewalt" zu enthalten. Ein **Gewaltverzicht** ergänzte das Versprechen, die gegenwärtigen Grenzen nicht anzutasten, den Status quo in Europa uneingeschränkt zu achten und keine Gebietsansprüche gegen irgendjemanden zu richten.

Neue Ostpolitik

Stellte ein Konzept dar, die deutsche Frage in den europäischen Zusammenhang einzuordnen Dazu war ein Vorgehen in drei Phasen vorgesehen:

1. Gewaltverzichtsvereinbarungen und Aufnahme diplomatischer Beziehungen mit den Staaten des Ostblocks.
2. Herstellung eines geregelten Verhältnisses zur DDR.
3. Truppenverminderungen in Mitteleuropa auf beiden Seiten.
4. Gesamteuropäischer Ausgleich. Schaffung einer europäischen Friedensordnung, in der die beiden deutschen Staaten sich in einem Staat wiederfinden können.

Prager Vertrag

Die Tschechoslowakei und die Bundesrepublik einigten sich darauf, das Münchner Abkommen von 1938 als nichtig zu betrachten: Beide Staaten vereinbarten Gewaltverzicht, bekannten sich zur Unverletzlichkeit ihrer gemeinsamen Grenze und nahmen diplomatische Beziehungen auf.

Warschauer Vertrag

Dieser Vertrag war parallel zum → Moskauer Vertrag abgeschlossen worden und wie jener ein Gewaltverzichtsabkommen, in der Wirkung aber ein Grenzvertrag über die Oder-Neiße-Linie. Sie wurde als „die westliche Staatsgrenze der Volksrepublik Polen" anerkannt und ihre Unverletzlichkeit bekräftigt. Die Bundesrepublik sicherte zu, „keinerlei Gebietsansprüche" zu erheben.

Der Vertrag besiegelte im Bewusstsein vieler Zeitgenossen und besonders der etwa 12 Millionen Flüchtlinge aus dem Osten den endgültigen Verlust dieser Gebiete. Es kam deshalb anlässlich der Ratifizierungsverhandlungen im Bundestag zu außerordentlich heftigen Auseinandersetzungen zwischen Regierung und Opposition.

3. Die Normalisierung des Verhältnisses zur DDR

T 1 / Karikatur

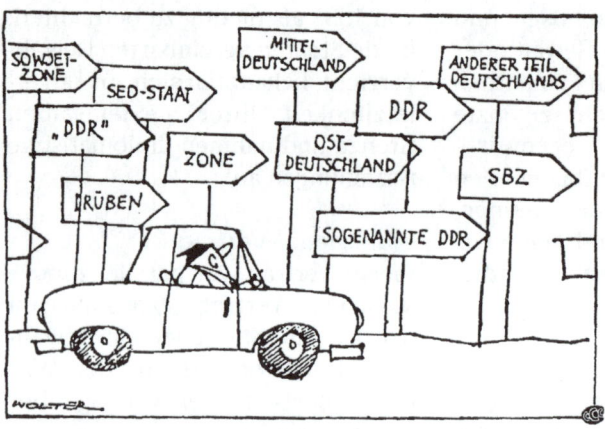

(CCC München, Jupp Wolter)

T 2 / DDR-Ministerpräsident Stoph anlässlich des Treffens mit Brandt in Erfurt 1970

1 Es ist müßig, die Verweigerung der völkerrechtlichen Beziehungen mit der Formel tarnen zu wollen, wir seien doch „alle
5 Deutsche". So simpel ist die Sache nicht. […]
Heute existieren die sozialistische Deutsche Demokratische Republik und die monopolkapi-
10 talistische Bundesrepublik, zwei voneinander unabhängige Staaten. Ihre Bürger leben und arbeiten unter völlig gegensätzlichen Bedingungen. Die Bürger der
15 DDR mehren mit ihrer Arbeit den eigenen Wohlstand und den der sozialistischen Gesellschaft. In der Bundesrepublik dagegen profitiert eine kleine Schicht
20 von Millionären aus der Arbeit des werktätigen Volkes. […] Es gibt also einen fundamentalen Unterschied zwischen dem Volk in der DDR und dem Volk in der
25 Bundesrepublik. Wie die Geschichte zeigt, sind die eigensüchtigen Klasseninteressen der Großbourgeoisie stets als

nationale Interessen ausgege-
30 ben worden. Das war immer
eine Entstellung der Wirklichkeit. [...]
Die politischen und sozialen
Interessen der Arbeiterklasse
35 und des ganzen Volkes, die
Interessen des Sozialismus stehen über allen vermeintlichen
nationalen Gemeinsamkeiten.

(I. von Münch [Hrsg.]: Dokumente des
geteilten Deutschland. Bd. II, Stuttgart 1974,
S. 194 ff.)

Arbeitsaufträge

1. *Welches Verhältnis zum anderen Teil Deutschland deutet die Karikatur an?*

2. *Welche Unterschiede zur Bundesrepublik sieht Stoph?*

3. *Versuchen Sie herauszufinden, inwiefern sich diese Einschätzung Stophs in den vertraglichen Abmachungen mit der DDR niederschlägt?*

CHRONOLOGIE

1970

22. Januar: Brandt schlägt dem DDR-Regierungschef Stoph Verhandlungen über den Austausch von Gewaltverzichts-erklärungen vor.

19. März: Treffen Brandt – Stoph in Erfurt

21. Mai: Treffen Brandt – Stoph in Kassel

1971

20. Oktober: Bundeskanzler Brandt erhält den Friedens-nobelpreis.

17. Dezember: Die Staats-sekretäre Bahr und Kohl (DDR) unterzeichnen ein **Transit-abkommen** zwischen beiden deutschen Staaten.

1972

26. Mai: Verkehrsvertrag zwischen Bonn und Ost-Berlin

21. Dezember:
Grundlagenvertrag mit der DDR

1973

11. Mai: Billigung des Grundlagenvertrags durch den Bundestag

31. Juli: Bundesverfassungs-gericht stellt Vereinbarkeit des Grundlagenvertrages mit dem GG fest.

18. September: Die Bundesrepublik und die DDR werden beide in die UNO aufgenommen.

1974

24. April: Der persönliche Referent Brandts, Guillaume, wird als DDR-Spion enttarnt.

2. Mai: Die Ständigen Vertretungen der Bundes-republik und der DDR nehmen ihre Arbeit auf.

6. Mai: Brandt tritt zurück.

16. Mai: Helmut Schmidt (SPD) wird Nachfolger Brandts.

1975

1. August: Ende der **KSZE**-Konferenz in Genf

1976

15. Dezember: Der Bundestag wählt Helmut Schmidt zum Bundeskanzler.

1978

16. November: Die beiden deutschen Staaten vereinbaren den Bau einer Autobahn zwischen Berlin und Hamburg.

1980

30. April: Bundesrepublik und DDR beschließen Autobahnbau Berlin – Herleshausen.

3. Juli: Zwischen 1964 und 1980 wurden rund 20 000 politische Häftlinge aus der DDR freigekauft.

5. November: Helmut Schmidt abermals zum Bundeskanzler gewählt

1981

11. – 13. Dezember: Schmidt besucht Honecker am Werbellinsee.

1982

28. September: Abkommen zwischen der Bundesrepublik und der DDR über Gewässerschutzmaßnahmen

1. Oktober: Helmut Kohl (CDU) wird durch Misstrauensvotum gegen Helmut Schmidt zum Bundeskanzler gewählt.

SACHINFORMATIONEN

Grundlagenvertrag

Im Vertrag über die Grundlagen der Beziehungen (Grundlagenvertrag) kommen die beiden deutschen Staaten überein, unbeschadet unterschiedlicher Rechtsauffassungen ihr Verhältnis zueinander auf der Grundlage der Gleichberechtigung gutnachbarlich zu gestalten. Sie sprechen einen Gewaltverzicht aus und bekräftigen die Unverletzlichkeit der zwischen ihnen bestehenden Grenze.

Die Bundesregierung übergibt den „Brief zur deutschen Einheit", in dem sie ihre Rechtsposition im Hinblick auf die Selbstbestimmung der Deutschen und auf Wiedervereinigung wahrt.

Dieser Vertrag bedeutete keine völkerrechtliche Anerkennung der DDR. Nicht Botschafter, sondern „Ständige Vertreter" wurden ausgetauscht.

Der Vertrag brachte der DDR den internationalen Durchbruch. Die → Hallstein-Doktrin war damit hinfällig. 132 Staaten erkannten die DDR völkerrechtlich an.

KSZE

Die „Konferenz für Sicherheit und Zusammenarbeit in Europa" kann mit ihrer Gewaltverzichtserklärung und der Anerkennung der Menschenrechte als Höhepunkt der internationalen Entspannungspolitik angesehen werden. Die KSZE begann ihre Tätigkeit 1972 mit Vorgesprächen und endete 1975 mit der „Schlussakte von Helsinki". 35 Staaten Europas und Nordamerikas unterzeichneten dieses Dokument, das zwei Ziele miteinander verband: die Garantie des Status quo in Europa und die Verpflichtung zur Einhaltung der Menschenrechte in den Unterzeichnerstaaten.

Transitabkommen

Beide deutsche Staaten einigen sich darauf, den Transitverkehr von Westdeutschland durch die DDR nach Berlin in der „einfachsten, schnellsten und günstigsten Weise zu vollziehen". Die Bundesrepublik verpflichtet sich, als Kompensation für Straßenbenutzungsgebühren etc. einen Pauschalbetrag zu bezahlen.

Das Transitabkommen war ein Sonderabkommen im Rahmen des Viermächteabkommens, musste aber nicht vom Bundestag ratifiziert werden.

Verkehrsvertrag

Er war der erste völkerrechtsverbindliche, eigenständige Vertrag zwischen den beiden deutschen Staaten.

Der Vertrag regelte in erster Linie technische Einzelheiten des wechselseitigen Verkehrs. Seine politische Bedeutung lag jedoch darin, dass er als Staatsvertrag die politische Gleichberechtigung der DDR mit der Bundesrepublik anerkannte und damit ihre Position als souveräner Staat stärkte.

Für die Bundesrepublik waren die Reiseerleichterungen wichtig: mehrmalige Einreise von Bundesbürgern zu Verwandtenbesuchen, Möglichkeit für DDR-Bürger, in „dringenden Familienangelegenheiten" in die BRD zu reisen.

4. Innenpolitische Konflikte in der Bundesrepublik

T 1 / Statistik

Jahr	Demonstrationen insgesamt	davon friedlich verlaufen
1970	1383	132
1972	1547	77
1974	1922	144
1976	2956	191
1978	2980	200
1980	4471	143

(Informationen zur politischen Bildung
Nr. 202/1984, S. 17)

T 2 / Aus dem Bundesprogramm der Partei „Die Grünen", 1980

1 Wir sind die Alternative zu den herkömmlichen Parteien. Hervorgegangen sind wir aus einem Zusammenschluß von grünen,
5 bunten und alternativen Listen und Parteien. Wir fühlen uns verbunden mit denen, die in der neuen demokratischen Bewegung mitarbeiten: den Lebens-,
10 Natur- und Umweltschutzverbänden, den Bürgerinitiativen, der Arbeiterbewegung, christlichen Initiativen, der Friedens- und Menschenrechts-, der Frauen-
15 en- und der 3.-Welt-Bewegung.

Wir verstehen uns als Teil der grünen Bewegung in aller Welt. [...]
Die Zerstörung der Lebens- und
20 Arbeitsgrundlagen und der Abbau demokratischer Rechte haben ein so bedrohliches Ausmaß erreicht, daß es einer grundlegenden Alternative für
25 Wirtschaft, Politik und Gesellschaft bedarf. Deshalb erhob sich spontan eine Bürgerbewegung. [...] Ein völliger Umbruch unseres kurzfristig orien-
30 tierten wirtschaftlichen Zweckdenkens ist notwendig. [...] Gegenüber der eindimensionalen Produktionssteigerungspolitik vertreten wir ein Gesamtkon-
35 zept. Unsere Politik wird von langfristigen Zukunftsaspekten geleitet und orientiert sich an vier Grundsätzen: sie ist ökologisch, sozial, basisdemokratisch
40 und gewaltfrei.

(H. Heppel u. a., Programme der politischen Parteien in der Bundesrepublik Deutschland. München 1983, S. 157 ff.)

Arbeitsaufträge

1. *Finden Sie Ursachen für die in T 1 dargestellte Entwicklung. Verwenden Sie dazu Sachinformationen und Chronologie.*

2. *In welchem Zusammenhang stehen T 1 und T 2?*

3. *Welche Zielsetzung verfolgen die Grünen?*

CHRONOLOGIE

1969

28. November: Die Bundesrepublik unterzeichnet den **Atomwaffensperrvertrag**.

1970

14. Mai: Befreiung von Andreas Baader aus dem Justizgewahrsam. Geburtsstunde der „Roten Armee Fraktion" (RAF)

1971

3. September: Das Bundesausbildungsförderungsgesetz (Bafög) tritt in Kraft.

1972

28. Januar: **„Extremistenerlass"** der Regierung Brandt

1. Juni: Führende Mitglieder der „Baader-Meinhof-Bande" werden von der Polizei gefasst (Ulrike Meinhof, Gudrun Ensslin).

1973

15. Juni: Verabschiedung eines Bildungsgesamtplanes

19. November: „Ölschock"

1974

9. November: Terrorist Holger Meins stirbt im Gefängnis an den Folgen eines Hungerstreiks.

10. November: Ermordung des Berliner Kammergerichtspräsidenten Günter von Drenkmann durch die „Bewegung 2. Juni"

1975

18. Februar: Besetzung des Geländes für das Kernkraftwerk Wyhl durch Atomkraftgegner

27. Februar: Entführung des Berliner CDU-Vorsitzenden Lorenz durch Terroristen der „Bewegung 2. Juni"

15. April: Das größte Kernkraftwerk der Welt, Biblis, wird in Betrieb genommen.

24. April: Deutsche Terroristen überfallen die deutsche Botschaft in Stockholm.

1976

9. Mai: Ulrike Meinhof begeht in ihrer Zelle Selbstmord.

18. August: Die „Bildung einer terroristischen Vereinigung" wird als neuer Straftatbestand eingeführt.

15. Dezember: Helmut Schmidt wird zum Bundeskanzler gewählt.

1977

7. April: Generalbundesanwalt Buback und sein Fahrer werden von Terroristen ermordet.

30. Juli: Der Vorstandsvorsitzende der Dresdner Bank, Ponto, wird von Terroristen ermordet.

5. September: Entführung des Arbeitgeber-Präsidenten Hanns-Martin Schleyer

29. September: Einführung des **Kontaktsperregesetzes**

13. Oktober: Entführung der Lufthansamaschine „Landshut" durch die RAF zur Freipressung von inhaftierten Terroristen

18. Oktober: Befreiung der Geiseln in Mogadischu durch die GSG9

Selbstmord der Terroristen Ensslin, Baader, Raspe im Gefängnis Stammheim

19. Oktober: Arbeitgeberpräsident Schleyer wird tot aufgefunden.

1979

31. März: Proteste gegen das geplante nukleare Entsorgungs-zentrum Gorleben

14. Dezember:
NATO-Rat verkündet
NATO-Doppelbeschluss.

1980
Gründung der Partei
der **Grünen**

1981

11. Mai: Der hessische Wirtschaftsminister Karry wird von Terroristen ermordet.

10. Oktober: 300 000 Anhänger der **Friedensbewegung** demonstrieren
im Bonner Hofgarten.

1982

10. Juni: Größte Kundgebung der bundesrepublikanischen Geschichte: 350 000 Anhänger der Friedensbewegung für „Frieden und Abrüstung".

1. Oktober: Schmidt wird durch ein konstruktives Misstrauensvotum als Bundeskanzler abgelöst.

SACHINFORMATIONEN

Atomwaffensperrvertrag

Verbot der Weitergabe von Kernwaffen der Atommächte an Staaten ohne Atomwaffen. Letztere mussten sich verpflichten, friedlich genutzte Kernenergie nicht zur Herstellung von Atomwaffen zu verwenden.

„Extremistenerlass"

Die „Grundsätze über die Mitgliedschaft von Beamten in extremen Organisationen" zielten auf den Ausschluss von Rechts- und Linksextremisten aus dem öffentlichen Dienst. Jeder Bewerber wurde vom Verfassungsschutz auf „verfassungsfeindliche" Aktivitäten überprüft.

Friedensbewegung

Der NATO-Doppelbeschluss und die weltweit steigenden Rüstungsausgaben waren der Anstoß für eine Friedensbewegung aus linken Sozialdemokraten, Kommunisten, pazifistischen und kirchlichen Gruppen. Die Furcht vor der möglichen Auslöschung der Menschheit durch einen Atomkrieg war die gemeinsame Plattform der ansonsten sehr heterogenen Bewegung.

Partei der Grünen

Ende der 70er Jahre entstanden aus Bürgerinitiativen der Umweltschutzbewegung „grüne Listen", die sich an Kommunal- und Landtagswahlen beteiligten. In Verbindung mit der Frauenbewegung und unter Einbeziehung verschiedener alternativer Bewegungen wurde 1980 die Partei der Grünen auf Bundesebene gegründet. Ihre Grundwerte waren ökologisch, sozial, basis-demokratisch und gewaltfrei. 1983 konnten die Grünen erstmals die 5%-Klausel überwinden und in einen Landtag einziehen. Die „Fundamentalisten" in der Partei lehnten die Beteiligung an staatlicher Machtausübung ab, weil sie darin eine zu große Entfernung von der Basis fürchteten. Die Realpolitiker („Realos") hingegen strebten die Durchsetzung grüner Ziele über eine Beteiligung an der politischen Macht an.

Kontaktsperregesetz

Als Maßnahme zur Bekämpfung des Terrorismus gedacht, erlaubt das Gesetz den Justizbehörden, unter bestimmten Voraussetzungen (etwa bei Geiselnahme) über Gefangene eine Kontaktsperre von bis zu 30 Tagen zu verhängen.

NATO-Doppelbeschluss

Beschluss des NATO-Rates, gegen die wachsende Bedrohung durch die neuen sowjetischen SS-20-Mittelstreckenraketen atomare Pershing-II-Mittelstreckenraketen in Europa zu stationieren. Der Nachrüstungsbeschluss wird auf Initiative der Bundesrepublik mit dem Angebot gekoppelt, über neue Rüstungskontrollen zu verhandeln und dabei insbesondere die eurostrategischen Waffensysteme einzubeziehen. Sollten diese Verhandlungen bis 1983 erfolgreich sein, so würde sich eine Stationierung der Mittelstreckenraketen auf bundesdeutschem Territorium erübrigen.

In der Bundesrepublik formierte sich eine breite Front der Kritik gegen diesen Beschluss, die auch Teile der SPD erfasste und den Rückhalt von Kanzler Schmidt in der eigenen Partei schwächte.

Ölkrise / „Ölschock"

Als im Oktober 1973 der vierte Nahost-Krieg ausbrach, erklärten die arabischen Staaten ein Ölembargo gegen alle Länder, die für Israel Partei ergriffen.

Dieser „Ölschock" zusammen mit den wirtschaftlichen Krisen der frühen 70er und 80er Jahre erschütterte das Vertrauen in ein grenzenloses Wirtschaftswachstum. Um mögliche Energieengpässe zu verhindern, wurde die Atomkraft stark gefördert.

RAF

1968 setzten links-revolutionäre Aktivisten, die aus der APO-Bewegung hervorgegangen waren, in Frankfurt zwei Kaufhäuser in Brand. Unter den Haupttätern befanden sich *Andreas Baader* und *Gudrun Ensslin*, der sich die Journalistin *Ulrike Meinhof* anschloss. Aus dem Untergrund heraus baute die so genannte „Baader-Meinhof-Gruppe" die „Rote-Armee-Fraktion" auf. Mit Brand- und Sprengstoffanschlägen und der Ermordung prominenter Vertreter von Staat und Wirtschaft sollte das Gesellschaftssystem verändert werden.

Zusammenfassung

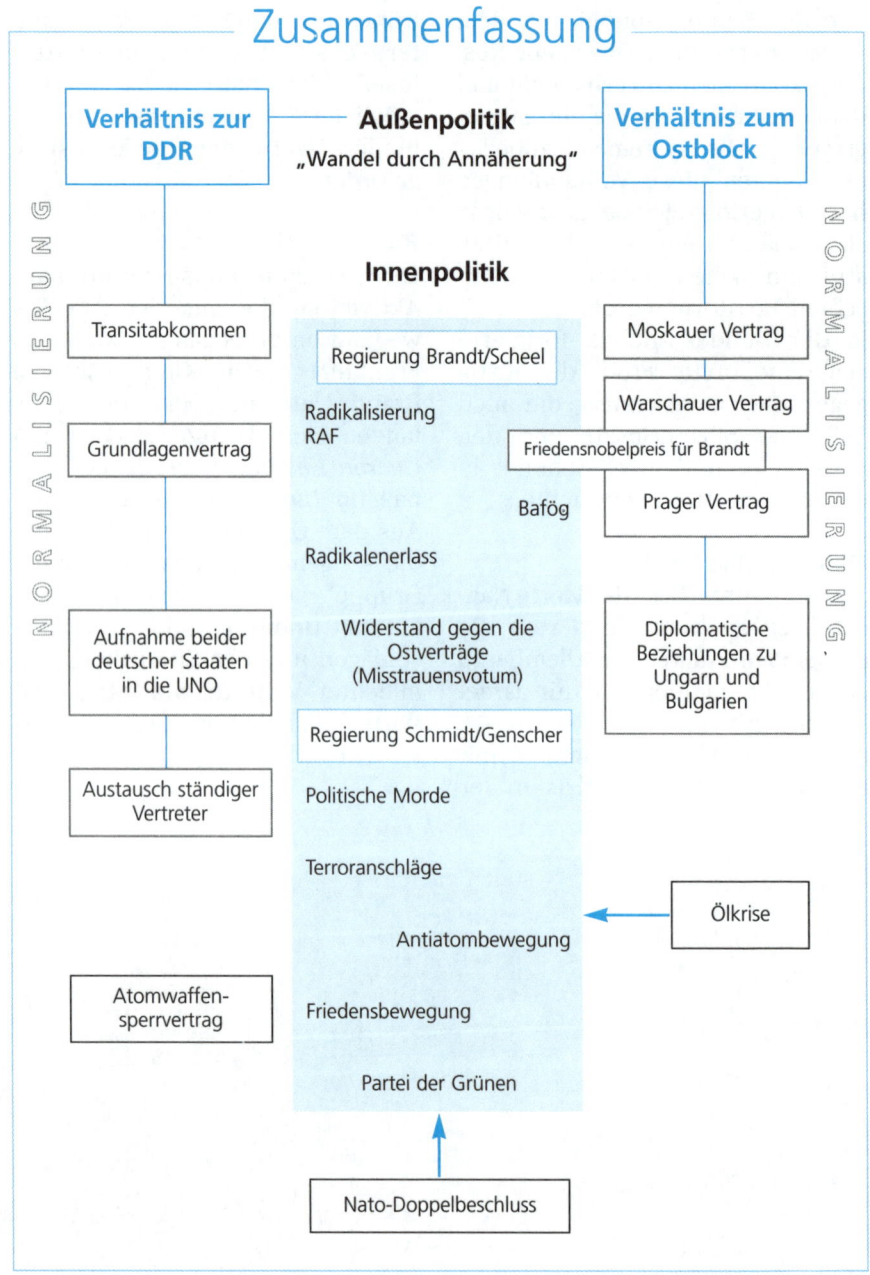

NORMALISIERUNG

Verhältnis zur DDR	Außenpolitik „Wandel durch Annäherung"	Verhältnis zum Ostblock

Innenpolitik

Transitabkommen

Regierung Brandt/Scheel

Radikalisierung RAF

Grundlagenvertrag

Bafög

Radikalenerlass

Aufnahme beider deutscher Staaten in die UNO

Widerstand gegen die Ostverträge (Misstrauensvotum)

Regierung Schmidt/Genscher

Austausch ständiger Vertreter

Politische Morde

Terroranschläge

Antiatombewegung

Ölkrise

Atomwaffen-sperrvertrag

Friedensbewegung

Partei der Grünen

Nato-Doppelbeschluss

Moskauer Vertrag

Warschauer Vertrag

Friedensnobelpreis für Brandt

Prager Vertrag

Diplomatische Beziehungen zu Ungarn und Bulgarien

F Die DDR unter Honecker (1971 – 1985)

1. Einführung

Zunehmende Engpässe in der Versorgung ließen die SED-Führung auf eine Ablösung des 78-jährigen Staatsratsvorsitzenden Ulbricht drängen. Nach einem zähen Machtkampf setzte sich **Erich Honecker** 1971 durch. Die bisher ausschließlich auf die wirtschaftliche Modernisierung ausgerichtete Politik ergänzte er um soziale Komponenten, wie die Förderung des Wohnungsbaus, Erhöhung der Grundlöhne und Renten, Preissenkungen und einen Preisstopp für Konsumgüter.

Außenpolitisch ebneten die Verträge mit der Bundesrepublik die Aufnahme diplomatischer Beziehungen zur Mehrheit der Staaten (1973 zu Frankreich und Großbritannien) und gipfelte 1974 schließlich in der Aufnahme der beiden deutschen Staaten in die Vereinten Nationen. Die DDR hatte damit ihre außenpolitische Isolation überwunden und die volle **staatliche Anerkennung** erreicht.

Neben den außenpolitischen Erfolgen erlebte die DDR seit 1973 einen starken **wirtschaftlichen Aufschwung,** der sie in die Riege der zwölf größten Industrienationen aufsteigen ließ. Innerhalb des Ostblocks hatten die Menschen in der DDR den höchsten Lebensstandard. Das Wohlstandsgefälle zur Bundesrepublik blieb jedoch bestehen, obwohl die Wirtschaft der DDR in den Folgejahren stärker wuchs als die der Bundesrepublik.

Die DDR gehörte zu den Unterzeichnerstaaten der KSZE-Schlussakte von Helsinki, in der u. a. auch Gedanken-, Gewissens-, Religions- und Überzeugungsfreiheit festgeschrieben wurden. Doch als der Liedermacher Wolf Biermann 1976 auf einer Konzertreise durch die Bundesrepublik kritische Äußerungen über das DDR-Regime machte, wurde ihm die Wiedereinreise verweigert. Gegen die Ausbürgerung Biermanns protestierten zahlreiche Künstler und Intellektuelle in der DDR und wurden ebenso Repressionen des Staates ausgesetzt. So formierte sich trotz wirtschaftlicher Erfolge der **Widerstand in der Bevölkerung** gegen das SED-Regime. Dies wiederum reagierte mit einem forcierten Ausbau des **Ministeriums für Staats-sicherheit** („Stasi"), dessen Etat und Zahl der hauptamtlichen Mitarbeiter bis Ende der 80er Jahre um ein Vielfaches stieg.

Zu einer Sammelstelle der Opposition wurden auch die **Kirchen** in der DDR. In Diskussionsrunden, Konzerten und in Gottesdienstes wurden kritische Auffassungen artikuliert. 1979/80 protestierten die Kirchen gegen den Einmarsch der Sowjetunion in Afghanistan und 1982 wurde die Militarisierung der Kindererziehung öffentlich angeprangert. Seit Anfang der 80er formierte sich auch in der DDR eine **Friedensbewegung**, die unter der Parole „Schwerter zu Pflugscharen" gegen die Aufrüstung protestierte.

In den meisten Ländern des Ostblocks gewann die Opposition gegen das kommunistische Regime an Stärke. Die Aufrüstung hatte wieder zu einer Vorrangstellung der Schwerindustrie geführt und den Versorgungssektor geschwächt. Wirtschaftliche Rezessionen, eine Verknappung der Devisen aufgrund der Streichung von Krediten aus dem Westen und eine starre Bürokratie führten immer wieder zu Versorgungsengpässen und damit zu einer wachsenden Unzufriedenheit in der Bevölkerung. Vorsichtige Hoffnung auf einen Wandel kam erst auf, als in der UdSSR **Michail Gorbatschow** 1985 zum Generalsekretär der KPdSU gewählt wurde. Noch versuchte das SED-Regime seinen Kurs fortzuführen, doch waren die Auflösungserscheinungen des erstarrten Regimes nicht mehr zu übersehen.

2. Der „real-existierende Sozialismus"

T 1 / Brief einer Schülerin an den Genossen Honecker

1 [...] Lieber Genosse Honecker! Bedanken möchte ich mich auch dafür, daß wir, meine Mutti, meine Geschwister und 5 ich, in einer schönen modernen Neubauwohnung wohnen können.
Begriffe wie Elend, Obdachlosigkeit usw. sind uns fremd. Ebenso 10 ist es mit der Arbeitslosigkeit, die ja zum Beispiel in der BRD ein großes Problem ist. Bei uns ist auch dieser Begriff ein Fremdwort. Eventuelle Schwie-15 rigkeiten werden gemeistert. Das können wir durch eigenes Erleben bestätigen.
Meine Mutti hat vor einiger Zeit halbtags gearbeitet. Das reichte 20 natürlich finanziell auf die Dauer nicht. Es wurde eine zusätzliche Planstelle geschaffen und so meiner Mutti Vollbeschäftigung ermöglicht. Aber nicht 25 nur das. Sie kann nun am Ort arbeiten und braucht nicht mehr zu fahren. [...]
An dieser Stelle will ich Ihnen versprechen, daß wir alles tun 30 werden, was wir können, um den Frieden zu stärken und zu erhalten.

Das ist unsere Antwort auf die menschenfreundliche Politik un-35 serer Republik.
Es ist schön, egal, welche Weltanschauung man vertritt, gleiche Rechte und Pflichten zu haben.
40 Jeder Mensch hat in der DDR Glaubensfreiheit. Das heißt, auch wir als neuapostolische Christen genießen die Anerkennung und Unterstützung des 45 Staates.
Das alles zusammen macht es möglich, daß wir eine glückliche Familie sind.
Herzliche Grüße von uns allen!

(Aus: Gisela Helwig [Hrsg.]: Schule in der DDR, Köln 1988, S. 87)

**T 2 / Karikatur aus dem
Eulenspiegel Nr. 47/88**

„Erinnerungen"

*Wieso habe ich eigentlich immer
darauf bestanden, daß Realismus
Widerspiegelung der Wirklichkeit sei?*

(CCC, Harald Kretzschmar, München)

Arbeitsaufträge

1. Wer ist der eigentliche Adressat
   des Briefes?

2. Welche Errungenschaften zählt
   der Brief auf und welche Wirkung
   will er damit erzielen?

3. Nehmen Sie kritisch Stellung zu
   den Aussagen des Briefes mithilfe
   der Karikatur und der Sachinformationen.

CHRONOLOGIE

1972

25. Januar: Die DDR wird Mitglied der UNESCO.

Februar: Sozialisierung der Industrie wird offiziell als abgeschlossen erklärt.

16. Oktober: Neues Staatsbürgergesetz

1973

1. Januar: „Musterstatut" **für die LPG** tritt in Kraft.

1. August: Ulbricht stirbt.

18. September: Die DDR wird in die UNO aufgenommen.

2. Oktober: SED beschließt **Wohnungsbauprogramm**.

1974

1. Januar: Internationales Kraftfahrzeugkennzeichen „DDR"

1. September: Ausgabe neuer Banknoten „Mark der DDR"

4. September: USA nehmen diplomatische Beziehungen zur DDR auf.

7. Oktober: Feiern zum 25. Jahrestag der Staatsgründung; Verfassungsänderung

31. Dezember: Jeder zehnte DDR-Bürger, jeder dritte BRD-Bürger besitzt ein Auto.

1975

DDR und BRD nehmen an der Genfer Abrüstungskonferenz teil.

7. Oktober: **Zweiter Freundschaftsvertrag mit der UdSSR**

1976

1. Januar: Neues **Zivilgesetzbuch** löst BGB ab.

18. – 22. Mai: IX. Parteitag der SED: Aus Parteistatut und Programm werden alle gesamtdeutschen Bezüge getilgt.

27. Mai: Beschlüsse über Maßnahmen zur Verbesserung der **Lebensbedingungen**

29. Oktober: Honecker wird zum Staatsratsvorsitzenden und zum Vorsitzenden des Nationalen Verteidigungsrates gewählt.

1977

24. März – 3. Oktober:
Bilaterale Freundschafts-
verträge mit Ungarn, CSSR,
Bulgarien und Polen

1. Mai: Einführung
der 40-Stunden-Woche

23. August: Systemkritiker
Bahro wird wegen „subversiver
und antisozialistischer
Tätigkeit" zu acht Jahren
Freiheitsentzug verurteilt.

1978

6. März: Konflikt
zwischen SED und Kirchen
wegen des geplanten
Wehrkundeunterrichts

26. August: Der DDR-Astronaut
Jähn fliegt als erster Deutscher
ins All.

1. September: „Vormilitärische
Ausbildung und Erziehung"
als neues Unterrichtsfach
für Mädchen und Jungen
obligatorisch

1980

31. Dezember: Verschuldung
der DDR in konvertierbarer
Währung: 10 Milliarden Dollar

1981

3. Dezember:
Fünfjahresplan 1981 – 1985

1982

21. März: Leipziger Messe
zeigt abflachendes Wirtschaftswachstum für die DDR

10. November: Der sowjetische
Staats- und Parteichef
Breschnew stirbt.

1984

13. Februar: Honecker trifft
sich mit führenden westlichen
Politikern.

November: Neuerlicher
internationaler Kredit an die
DDR (400 Millionen DM)

1985

11. März: Michail Gorbatschow
wird Generalsekretär der
KPdSU.

6. Juli: Erneuter
internationaler Kredit an
die DDR (600 Millionen Dollar)

SACHINFORMATIONEN

Real-existierender Sozialismus

Bezeichnung, um die DDR-Ideologie von den freiheitlich-demokratischen Sozialismusvorstellungen abzugrenzen. Der Sozialismus sollte konkret zu Verbesserungen der Lebenssituation der Bevölkerung beitragen und nicht eine Utopie für eine ferne Zukunft sein. Die offizielle Darstellung und die tatsächlichen Gegebenheiten klafften allerdings weit auseinander.

„Musterstatut" für LPG

Es setzte den Rahmen für die industrielle Organisation der Landwirtschaft. So entstanden durch Zusammenlegung mehrerer LPGs so genannte Agrarkombinate, die auch Betriebe der verarbeitenden Industrie und des Handels umfassten.

Wohnungsbauprogramm

1973 beschloss die SED ein Wohnungsbauprogramm, das bis 1990 die drängende Wohnungsfrage lösen sollte. Bis 1984 wurden 2 Millionen neue Wohnungen gebaut.

Vertrag über Freundschaft, Zusammenarbeit und gegenseitigen Beistand

In dem dritten Vertrag dieser Art zwischen der UdSSR und der DDR von 1975 tauchen keine Hinweise auf eine Wiedervereinigung mehr auf.

Zivilgesetzbuch

Löste das Bürgerliche Gesetzbuch ab und ging davon aus, dass persönliche Interessen und gesellschaftliche Erfordernisse prinzipiell übereinstimmen (müssen).

Sozialpolitik

Ausgehend von der „Einheit der Wirtschafts- und Sozialpolitik" versuchte die DDR ihr Sozialsystem immer wieder auszuweiten und damit die Lebensbedingungen der Menschen zu verbessern. Maßnahmen waren u. a.: höhere Grundlöhne und Renten, mehr Urlaub, 40-Stunden-Woche, Schwangerschaftsurlaub, bezahltes Babyjahr, Bau von Kindertagesstätten, um die Berufstätigkeit der Frauen zu gewährleisten.

Lebensstandards im Vergleich 1982/83

	DDR	BRD
Monatliches Nettoeinkommen		
Arbeitnehmer	969 M	2160 DM
Rentner	398 M	1505 DM
Zum Kauf erforderliche Arbeitszeit (Std.:Min.)		
Herrenschuhe	27:53	5:55
Damenkleid	40:23	5:02
Kühlschrank	293:16	40:00
Pkw	3807:42	607:24
Eisenbahn-Wochenkarte	0:29	1:47
Herren-Haarschnitt	0:21	0:47
Roggenbrot	0:06	0:13
Wohnung		
Ø-Größe in qm	58	98
Wohnung mit Zentralheizung	36%	70%
Wohnung mit Bad/Dusche	68%	92%

(Zahlenspiegel, Bonn 1986, S. 75 ff.)

3. Das deutsch-deutsche Verhältnis (1972 – 1985)

T 1

1 Die Beziehungen zwischen der Deutschen Demokratischen Republik und der Bundesrepublik Deutschland sind nicht
5 durch irgendwelche Gemeinsamkeiten charakterisiert, sondern durch unüberbrückbare Gegensätze, durch den unversöhnlichen Gegensatz zwischen
10 Sozialismus und Kapitalismus.

(Herrmann Axen, Mitglied des SED-Politbüros, 1976)

T 2 / Karikatur aus dem Rheinischen Merkur, 19. 8. 1977

… um verstärkte Kontakte zu ermöglichen

(Partykiewicz / Rheinischer Merkur / 19.8.77)

T 3 / Leserbrief in der DDR-Zeitung „Freies Wort" vom 9. Januar 1987

1 Mit Empörung wurde in unserem Bauarbeiterkollektiv über die Äußerung des Bundeskanzlers[1] diskutiert, in der er
5 uns, die Bürger der DDR, als „Landsleute" bezeichnet. Wir stellen einmütig fest, wir unterstützen die Politik unseres Staates, die voll unseren Interessen
10 entspricht. Ob es Kohl paßt oder nicht, wir sind ein souveräner sozialistischer Staat und niemals „Landsleute" von Kohl.

(Landeszentrale für politische Bildung Baden-Württemberg [Hrsg.], aktuell 1, Fortsetzung der Beilage „PU aktuell 5", S. 3)

---

1 Bundeskanzler Kohl

Arbeitsaufträge

1. *Geben Sie die drei dargestellten Aspekte deutsch-deutscher Beziehungen wieder.*

2. *Machen Sie sich anhand der Chronologie und der Sachinformationen mit den tatsächlichen Beziehungen vertraut und listen Sie diese tabellarisch nach erleichternden und trennenden Aspekten auf.*

3. *Auf welcher Basis erfolgen die Maßnahmen der DDR-Regierung, die eine Annäherung beider deutschen Staaten ermöglichten?*

CHRONOLOGIE

1972

16. Oktober: Neues Staatsbürgergesetz

1973

5. – 7. März: Akkreditierung westdeutscher Journalisten in der DDR

13. März: Ausweitung des Handels von der Bundesrepublik vorgeschlagen

1. August: Ulbricht stirbt.

1974

7. Oktober: Feiern zum 25. Jahrestag der DDR; **Verfassungsänderung**

1976

18. – 22. Mai: IX. Parteitag der SED: Aus Parteistatut und Partei-Programm werden alle gesamtdeutschen Bezüge getilgt.

16. November: Ausbürgerung des Sängers Wolf Biermann wegen „feindlicher Propaganda"

22. Dezember: Ausweisung des ARD-Korrespondenten Loewe wegen „Diffamierung des Volkes und der Regierung"

1978

10. Januar: Der „Spiegel" muss sein Ostberliner Büro schließen.

15. Januar: CDU/CSU-Politikern wird die Einreise nach Ost-Berlin verweigert.

1979

14. April: Westliche Journalisten müssen Interviews genehmigen lassen.

15. Dezember: Erweiterung des kleinen Grenzverkehrs zwischen DDR und BRD

1980

1. Januar: Bundesregierung bezahlt eine Straßenbenutzungspauschale an die DDR (jährlich 50 Millionen DM).

9. Oktober: Erhöhung des Mindestumtauschs für Westbesucher von 13 auf 25 DM/Tag

1981

11. – 13. Dezember: Honecker empfängt Bundeskanzler Schmidt am Werbellinsee.

1982

25. März: Neues **Grenzgesetz** der DDR

18. Juni: Abkommen über **„Swing-Regelung"** zwischen beiden deutschen Staaten; daraufhin Reiseerleichterungen der DDR

20. November: Transitautobahn Hamburg – Berlin wird eröffnet.

1983

6. – 7. August: Kredit von einer Milliarde DM an die DDR

27. September: Abbau der Selbstschussanlagen an der deutsch-deutschen Grenze

1984

8. März: Eine Delegation der SPD-Bundestagsfraktion besucht die Volkskammer.

1. August: Erleichterungen im innerdeutschen Reiseverkehr für Rentner

4. September: Honecker sagt eine Reise in die Bundesrepublik ab.

Die DDR hat 1984 34 900 Ausreisegenehmigungen erteilt.

1985

18. – 20. September: Brandt besucht auf Einladung Honeckers die DDR.

SACHINFORMATIONEN

Staatsbürgergesetz

Es bestimmte, dass Bürger, die aus der DDR geflohen sind, die DDR-Staatsbürgerschaft verlieren sollten.

Verfassungsänderung

Zum 25. Gründungstag wurde die DDR-Verfassung von 1968 geändert. An die Stelle des bisherigen Bekenntnisses zur deutschen Nation trat die Unterscheidung von „sozialistischer Nation" und „deutscher Nationalität". Gestrichen wurden die Beschwerdeausschüsse. Das „unwiderrufliche Bündnis" mit der Sowjetunion erhielt Verfassungsrang.

Grenzgesetz

Im Grenzgesetz von 1982 können Bürger der DDR, die noch unterhalb des Rentenalters stehen, in dringenden Familienangelegenheiten in die Bundesrepublik reisen. Die Regelung wird jedoch als eine Kannbestimmung formuliert.

„Swing"

Ein zinsloser Überziehungskredit, den die Bundesrepublik der DDR im innerdeutschen Handel einräumte.

Zusammenfassung

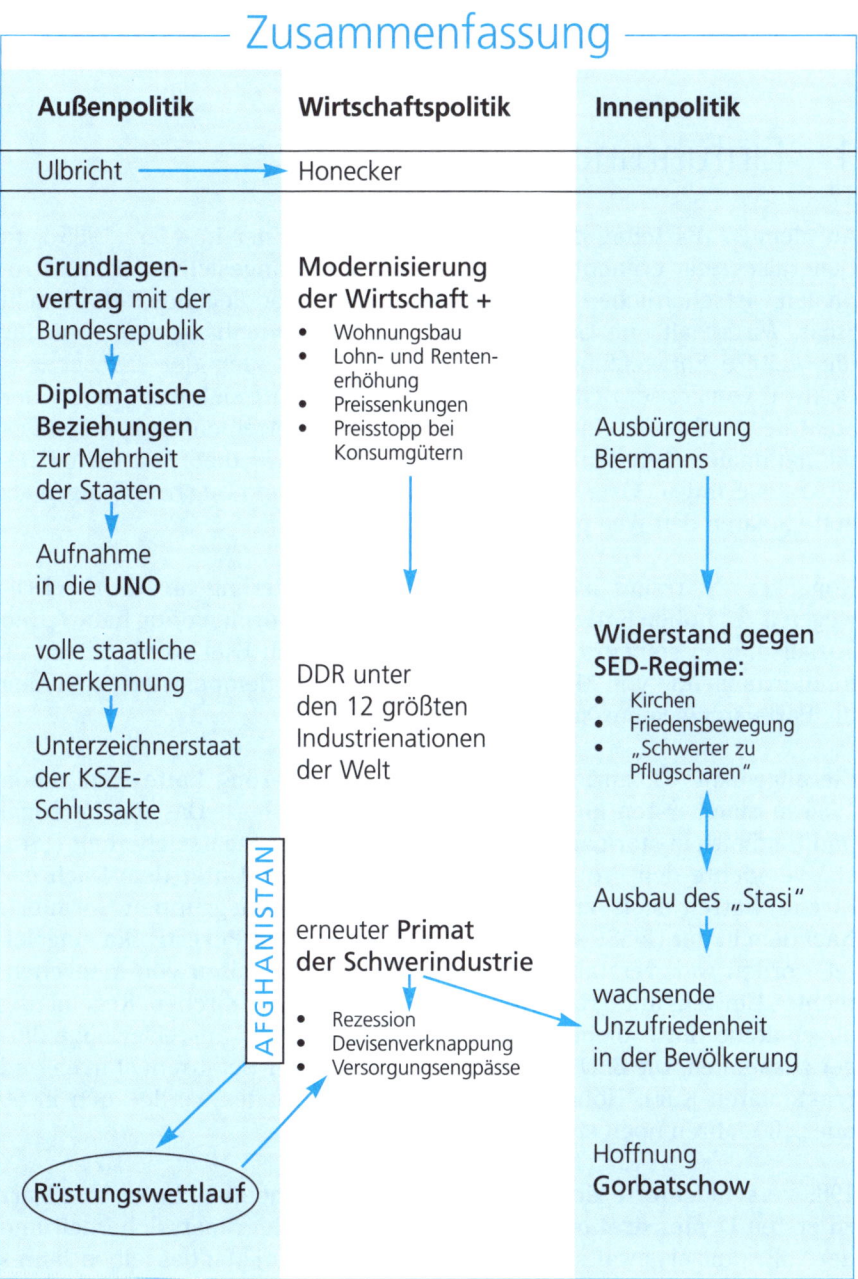

Außenpolitik	Wirtschaftspolitik	Innenpolitik

Ulbricht ⟶ Honecker

Grundlagen-vertrag mit der Bundesrepublik
↓
Diplomatische Beziehungen zur Mehrheit der Staaten
↓
Aufnahme in die **UNO**

volle staatliche Anerkennung
↓
Unterzeichnerstaat der KSZE-Schlussakte

Modernisierung der Wirtschaft +
- Wohnungsbau
- Lohn- und Renten-erhöhung
- Preissenkungen
- Preisstopp bei Konsumgütern

DDR unter den 12 größten Industrienationen der Welt

AFGHANISTAN

erneuter **Primat der Schwerindustrie**
- Rezession
- Devisenverknappung
- Versorgungsengpässe

Ausbürgerung Biermanns

Widerstand gegen SED-Regime:
- Kirchen
- Friedensbewegung
- „Schwerter zu Pflugscharen"

Ausbau des „Stasi"
↓
wachsende Unzufriedenheit in der Bevölkerung

Hoffnung **Gorbatschow**

Rüstungswettlauf

G Der Weg zur deutschen Einheit

1. Einführung

Auf dem 27. Parteitag der KPdSU 1986 kündigte der im März 1985 zum Generalsekretär ernannte **Michail Gorbatschow** angesichts der katastrophalen wirtschaftlichen Situation in der UdSSR grundlegende Reformen in Staat, Wirtschaft und Gesellschaft an. Im Zusammenhang damit war für die weitere Entwicklung im Ostblock die Aufhebung der „Breschnew-Doktrin" von großer Bedeutung: Die UdSSR bekannte sich dazu, dass jeder Staat des Ostblocks eine eigenständige Politik betreiben kann, so wie es die nationalen Gegebenheiten erfordern. Damit war die Tür zu einer Demokratisierung im Osten Europas geöffnet. Polen und Ungarn schlugen als erste Staaten den Weg politischer Reformen ein.

Honeckers Starrsinn lehnte jedoch jede Veränderung ab, da die DDR wegen ihres hohen Entwicklungsstandes keine Reformen nötig habe („Den Sozialismus in seinem Lauf hält weder Ochs noch Esel auf."). Selbst als hunderttausende von Menschen auf den Straßen demonstrierten, schien die Parteispitze keine Notiz davon zu nehmen.

Die allgemeine Unzufriedenheit der DDR-Bevölkerung hatte sich schon 1984 in einer ersten großen Ausreisewelle artikuliert. Das mit Personal und Geldmitteln stark aufgeblähte Ministerium für Staatssicherheit („Stasi") versuchte den Protest mit Terror aufzuhalten. Unter dem Dach der Kirche hatten sich kritische Bürger in Friedensgruppen formiert. Nachdem in der UdSSR die Politik von **Glasnost und Perestroika** eingeleitet worden war, verstärkten sich erneut die Aktivitäten von Menschenrechts-, Umwelt- und Friedensgruppen im Schutz der Kirchen. Regelmäßig abgehaltene Gottesdienste führten unzufriedene und ausreisewillige Bürger zusammen. Die SED jedoch blieb nach wie vor bei ihrem starren und reaktionären Kurs. Honecker erklärte gar, die Mauer werde auch in 50 oder 100 Jahren noch stehen.

1989 verschlechterte sich die Versorgungslage erheblich, es kam im März zu ersten **Demonstrationen in Leipzig**, die von der Staatssicherheit und der Volkspolizei gewaltsam unterdrückt wurden. Im Mai desselben Jahres öffnete Ungarn den Grenzzaun zu Österreich, viele DDR-Bürger sahen eine Chance, von ihrem Recht auf Freizügigkeit und Selbstbestimmung Gebrauch zu machen. Auch war bekannt geworden, dass die Kommunalwahlen vom 7. Mai 1989 nach dem alten undemokratischen Verfahren durchgeführt werden sollten. Bei der Auszählung wurden darüber hinaus massive Fälschungen des Ergebnisses festgestellt. Die DDR-Führung geriet immer mehr unter Druck und es wurde immer deutlicher, wie wenig Rückhalt sie in der Bevölkerung hatte.

Wieder kam es in Leipzig zu Demonstrationen. Zehntausende meist junger DDR-Bürger verließen im Sommer 1989 über Ungarn und Österreich sowie über die Vertretungen der Bundesrepublik in Warschau, Prag und Ostberlin die DDR. Die Führung war unfähig zu reagieren. Die Feiern zum 40. Jahrestag der Staatsgründung wurden zu einer Farce. Allein Generalsekretär Gorbatschow ging in seiner Rede auf die Notwendigkeit von Reformen ein („Wenn wir zurückbleiben, bestraft uns das Leben sofort ...").

Als im Herbst 1989 in Dresden, Leipzig und Berlin hunderttausendfach der Ruf erscholl **„Wir sind das Volk"** und wenig später zu einem **„Wir sind ein Volk"** wurde, wandten sich die DDR-Machthaber an den sowjetischen Botschafter, um militärische Rückendeckung bei einem Einschreiten gegen die Demonstranten zu fordern. Das Undenkbare geschah, die Sowjetunion verweigerte ihre Hilfe; um die Herrschaft der SED war es geschehen.

Im Oktober 1989 setzte das Politbüro der SED Erich Honecker als Generalsekretär ab, Egon Krenz wurde sein Nachfolger. Die Systemkrise war jedoch durch personelle Maßnahmen nicht mehr zu lösen. Am 4. November erreichten die Demonstrationen einen neuen Höhepunkt. Eine halbe Million Menschen forderte die Grundrechte ein.

Nach der eher beiläufigen Bemerkung des Politbüromitglieds Schabowski, es werde sehr bald befriedigende Regelungen für Westreisen der DDR-Bürger geben, wurde dies als faktische Öffnung der Grenzen angesehen. Am **9. November 1989** war die Berliner Mauer offen, Tausende von Menschen strömten in den Westteil Berlins. Am 1. Dezember wurde der Artikel 1 der DDR-Verfassung gestrichen, der den Führungsanspruch der SED festschrieb. Am 6. Dezember trat Egon Krenz von seinen Posten zurück, nachdem bereits am 3. Dezember das gesamte Politbüro und das Zentralkomitee zurückgetreten waren. Regierungsvertreter unter der Leitung von Hans Modrow und der so genannte **„Runde Tisch"**, an dem alle Parteien und Bürgerbewegungen der Opposition teilnahmen, bereiteten Volkskammerwahlen für Anfang 1990 vor. Eine Vertragsgemeinschaft mit der Bundesrepublik wurde erwogen.

Die Regierung Kohl hatte bis dahin die Politik des „Wandels durch Annäherung" fortgeführt. Doch nun erkannte sie schnell die veränderten Vorzeichen und Helmut Kohl formulierte einen **Zehn-Punkte-Plan** zur Herstellung der Vereinigung beider deutscher Staaten. Doch schon bald wurde deutlich, dass eine enge Konföderation zwischen beiden Staaten nicht die Lösung war. Die Wirtschaft und die innere Stabilität der DDR standen vor dem Zusammenbruch, sollte die Bundesrepublik nicht finanziell eingreifen. Die Möglichkeit einer Währungsunion wurde in Betracht gezogen. Die erste freie Volkskammerwahl in der DDR vom 18. März 1990 brachte ein klares Votum für die Parteien der Allianz für Deutschland. So sah es die neue Regierung de Maizière als Wählerauftrag an, möglichst schnell die deutsche Einheit herzustellen. Am 1. Juli trat die **Währungs-, Wirtschafts- und Sozialunion** in Kraft, die neuen Länder traten der Bundesrepublik bei.

Möglich wurde die Wiedervereinigung jedoch erst durch die Zustimmung der **Alliierten**, die der Vorstellung eines vereinten Deutschlands zunächst skeptisch gegenüberstanden. Besonders in Frankreich und Großbritannien wurde dies als Bedrohung für die europäische Stabilität angesehen. Der französische Staatspräsident Mitterrand hielt die Wiedervereinigung anfänglich gar für eine „rechtliche und politische Unmöglichkeit". Erst in Verbindung mit der europäischen Integration, bei der das deutsch-französische Verhältnis von tragender Bedeutung sein sollte, änderten die Franzosen ihre Einstellung. Die britische Premierministerin Margaret Thatcher fürchtete ein Übergewicht eines vereinten Deutschlands besonders auf wirtschaftlichem Gebiet. In den USA waren die Bedenken gegen eine Vereinigung weit geringer. Präsident Bush machte lediglich deutlich, dass das vereinte Deutschland innerhalb der NATO und der Europäischen Gemeinschaft zu verbleiben hatte. Angesichts der katastrophalen wirtschaftlichen Lage in der Sowjetunion war Gorbatschows Position relativ schwach. Trotz deutlicher Bedenken aus dem Kreml konnte Kohl, flankiert durch Hilfsmaßnahmen für die russische Bevölkerung und Milliardenkredite an den sowjetischen Staat, Gorbatschow für eine Zustimmung gewinnen.

In den **Zwei-plus-Vier-Verhandlungen** zwischen den Siegermächten und den Vertretern der beiden deutschen Staaten kam es schließlich zu einer Lösung: Unter den Bedingungen einer erheblichen Reduzierung der Truppen und der endgültigen Anerkennung der Oder-Neiße-Grenze stimmten die Alliierten der Vereinigung zu. Das neue Gesamtdeutschland sollte sowohl in der NATO als auch in den übrigen westeuropäischen Bündnissen integriert bleiben. Am 3. Oktober 1990 endeten die Vorbehaltsrechte der Alliierten und Deutschland wurde ohne Einschränkungen ein souveräner Staat.

2.   Die Folgen der Perestroika

T 1 / Karikatur

Die Demokratie greift an!

(CCC, Walter Hanel, München, in:
FAZ Nr. 242/1989)

***T 2 / Der ehemalige
Kanzleramtsminister W. Schäuble,
1991***

1 Manche haben den Charakter
der Revolution in der DDR nicht
oder nicht rechtzeitig begriffen.
Revolutionen, das zeigt die Ge-
5 schichte, beschleunigen sich,
werden mächtiger, reißen dann
wie Lawinen alles mit sich. Die
deutsche Revolution war, so
gesehen, keine „richtige" Revo-
10 lution. Und das war gut so – im
Interesse der Einheit. Wäre Blut
geflossen, hätten wir, meiner

Ansicht nach, die Vereinigung nicht erreicht. Die
15 deutsche Revolution war
eine unvollendete Revo-
lution. Sie war bewußt
legalistisch und verlief
unblutig. Träger dieser
20 Revolution waren ohne
Zweifel die Bürgerbewe-
gungen, auch die Kir-
chen. Aber die Revolu-
tion fand auch innerhalb
25 der SED statt. Seit Gorbatschows Reformkurs,
seit den Erfahrungen in
Polen und Ungarn wurde
auch manchen führenden
30 Genossen in der SED klar, daß
die Lage nicht zu halten war. [...]

(W. Schäuble: Der Vertrag. Stuttgart 1991,
S. 15 f.)

Arbeitsaufträge

1. *Stellen Sie dar, welchen Sachver-
halt die Karikatur darzustellen versucht.*

2. *Wer sind nach Schäubles Auffassung die Träger der Revolution?*

3. *Zeichnen Sie Voraussetzungen
und Verlauf der Revolution in der
DDR nach.*

CHRONOLOGIE

1989

2. Mai: Ungarische Grenz-
soldaten schneiden erste
Löcher in den Grenzzaun
zu Österreich.

Juli: Die Zahl von DDR-Bürgern,
die sich in die Bonner Botschaften in Budapest, Ostberlin,
Prag und Warschau flüchten,
steigt.

August: Wegen totaler
Überfüllung schließt Bonn
seine Missionen in Ostberlin,
Budapest und Prag.

19. August: Mehr als 600 DDR-
Bürger nutzen ein Grenzfest bei
Sopron in **Ungarn** zur Flucht.

11. September: Um Mitternacht
öffnet Ungarn seine Grenzen
für die DDR-Flüchtlinge:
Die **Massenflucht** von
Zehntausenden über Ungarn
und Österreich beginnt.

30. September: Bundesaußen-
minister Genscher verkündet
in Prag den Flüchtlingen die
bevorstehende Ausreise in
den Westen. Mit Sonderzügen
der DDR-Reichsbahn fahren
rund 5500 DDR-Bürger aus Prag
und etwa 800 aus Warschau
über DDR-Gebiet in die
Bundesrepublik.

4. Oktober: Auf dem Dresdner
Bahnhof kommt es zu Auseinandersetzungen zwischen der
Polizei und 2000 DDR-Bürgern,
die auf die Flüchtlingszüge
aufspringen wollen.

6./7./8. Oktober:
Bei den Feiern zum 40. Staats-
jubiläum der DDR mahnt
der sowjetische Staatschef
Gorbatschow die DDR zu
grundlegenden Reformen.
Am 7. und 8. Oktober
demonstrieren zehntausende
DDR-Bürger für eine demo-
kratische Erneuerung des
Sozialismus und werden vor
allem in Ostberlin von der
Polizei niedergeknüppelt.

18. Oktober: Nach Massen-
protesten wird Staats- und
Parteichef Honecker nach
18 Jahren abgelöst. Egon Krenz
wird neuer SED-Chef.

23. Oktober: Auf der
traditionellen Leipziger
Montags-Demonstration
fordern 300 000 Menschen
Reformen:
„Wir sind das Volk."

4. November: Mehr als
eine Million DDR-Bürger
demonstriert in Ostberlin
für Reformen. Es ist die größte
Protestveranstaltung in
der Geschichte der DDR.

7. November: Das gesamte SED-Politbüro muss gehen. Mit diesem Schritt übernimmt das höchste Machtorgan die Verantwortung für die Krise in der DDR.

9. November: 28 Jahre nach dem Mauerbau öffnet die DDR die Grenzen nach Westberlin und zur Bundesrepublik.

SACHINFORMATIONEN

Runder Tisch

Während in Ostberlin der zentrale „Runde Tisch" tagt, gibt es diese Einrichtung auch auf regionaler und kommunaler Ebene. Damit sollen alle politischen Kräfte an einen Tisch gebracht werden. Sowohl der massive Vertrauensverlust der SED und ihrer ehemaligen Blockparteien sowie die Forderung der oppositionellen Gruppen nach politischer Beteiligung und Abrechnung mit der alten politischen Ordnung hatten zur Einrichtung eines „Runden Tisches" als Sprachrohr der Opposition geführt.

Seine Beschlüsse waren allerdings nicht verbindlich. Mit dem vorgezogenen Wahltermin entwickelte sich der „Runde Tisch" zunehmend auch zu einer Wahlkampfbühne.

Seine Rolle als Widerpart zur Regierung wurde auch dadurch relativiert, dass sich die Mehrheit der Opposition an der Regierung Modrow beteiligte.

Sitzverteilung am runden Tisch

2 FDGB	Regierungsvertreter und Kirche		3 LDPD
2 Vereinigte Linke			3 NDPD
2 SPD			
2 Demokratie jetzt			3 DBD
3 Neues Forum			3 CDU
2 Grüne Partei			2 VdgB
2 Initiative Frieden und Menschenrechte			1 Vertreter der Sorben
2 Grüne Liga	2 Unabhängiger Frauenverband	2 Demokratischer Aufbruch	3 SED/PDS

Bürgerrechtsbewegungen / Kirche

Unter dem Dach der Kirchen konnten sich kritische Bürger zusammenfinden. Schon seit den 80er Jahren waren Menschenrechts-, Umwelt- und Friedensgruppen aktiv geworden. Die Staatssicherheit betrachtete ihre Aktivitäten mit Argwohn und versuchte sie immer wieder einzuschüchtern. Nach Einleitung der → Perestroika in der SU verstärkten sich die Aktivitäten der oppositionellen Gruppen und führten schließlich zu den Massendemonstrationen, die das Ende der DDR einleiteten.

Massenflucht

Allein im Sommer 1989 stellten 120 000 DDR-Bürger einen Ausreiseantrag in die Bundesrepublik. Im Juli und August versuchten darüber hinaus Hunderte ihre Ausreise durch die Besetzung westlicher – vor allem westdeutscher – Botschaften zu erzwingen. Gegen den erbitterten Widerstand der DDR-Führung öffnete Ungarn seine Grenzen für DDR-Flüchtlinge in Richtung Westen. Die Mauer hatte ihre Funktion verloren. Da auch Polen und die Tschechoslowakei drängten, das Problem der DDR-Flüchtlinge auf ihrem Territorium zu lösen, stimmte Honecker in Ermangelung einer vernünftigen Alternative der Ausreise der Prager und Warschauer Botschaftsflüchtlinge zu. Bis Ende September 1989 waren bereits 32 500 Menschen geflohen.

Montags-Demonstrationen

Seit Juni 1989 wurden am 7. jeden Monats Protestaktionen veranstaltet, die an die Manipulation der Kommunalwahlen vom 7. Mai erinnern sollten.

Darüber hinaus begannen am 4. September in Leipzig etwa 1200 Menschen nach einem Friedensgebet in der Nikolaikirche mit der Montagsdemonstration. Bis zum 25. September war sie bereits auf 5000, am 2. Oktober auf etwa 20 000 Menschen angewachsen.

Mit dem Ausruf „Wir sind das Volk" bestritten die Demonstranten auf den immer zahlreicher werdenden Massendemonstrationen v. a. in Leipzig den Führungsanspruch der SED und verlangten eine demokratische Umgestaltung der DDR.

Ungarn

Im Zuge der Perestroika wurden in Ungarn unabhängige politische Parteien zugelassen, die kommunistische Partei hatte ihren Führungsanspruch aufgegeben. Im Mai 1989 räumte Ungarn ohne Rücksprache mit der DDR die Stacheldrahtsperren an der Grenze zu Österreich ab. Bürger der DDR, die in Ungarn Urlaub machten, nutzten das Loch im „Eisernen Vorhang", um spontan in den Westen zu fliehen.

Ungarn gab sich im Oktober 1989 eine neue Verfassung als demokratischer Rechtsstaat mit marktwirtschaftlicher Ordnung.

Polen

Angesichts einer sich verschärfenden Wirtschaftskrise war in Polen eine von der KP Polens unabhängige Gewerkschaft „Solidarnosc" gegründet worden, die sich unter Lech Walesa zu einer Volksbewegung ausweitete. Angesichts der wachsenden Opposition in Bevölkerung und Kirche musste die kommunistische Regierung 1989 weit reichende Zugeständnisse machen. An einem „Runden Tisch" wurden mit allen gesellschaftliche Kräften einschneidende Reformen in Wirtschaft und Gesellschaft ausgehandelt. Der „Runde Tisch" wurde über Polen hinaus zu einem Symbol des politischen, friedlichen Wandels.

Erste freie Wahlen 1989 endeten mit einem hohen Wahlsieg der „Solidarnosc". Die Umgestaltung Polens in eine Demokratie und Marktwirtschaft vollzog sich nach Ablösung der kommunistischen Regierung.

Perestroika

Bedeutet so viel wie „Umbau, Umgestaltung". Es ging darum, eine grundlegende Veränderung des gesellschaftlichen, ökonomischen und politischen Systems vorzunehmen. Parteichef Gorbatschow hatte die Notwendigkeit von Reformen erkannt, wollte damit aber weder das sozialistische System beseitigen noch die Führungsrolle der KPdSU in Frage stellen. Die Modernisierung sollte das Sowjetsystem vielmehr festigen und auf die Aufgaben der Zukunft vorbereiten.

Glasnost

(= Offenheit, Transparenz)
Anders als die bisherige propagandistische Verzerrung der Wirklichkeit sollte mit Glasnost eine offene und kontroverse Darstellung innen- und außenpolitischer Sachverhalte über die Medien erfolgen. Auch im kulturellen Bereich wurden viele Verbote aufgehoben.

Zerfall des Ostblocks

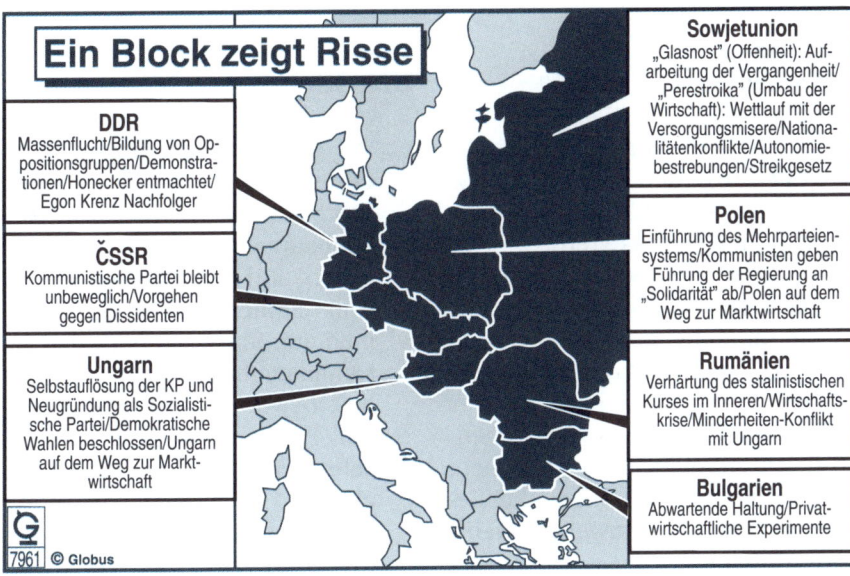

Ein Block zeigt Risse

DDR
Massenflucht/Bildung von Oppositionsgruppen/Demonstrationen/Honecker entmachtet/
Egon Krenz Nachfolger

ČSSR
Kommunistische Partei bleibt unbeweglich/Vorgehen gegen Dissidenten

Ungarn
Selbstauflösung der KP und Neugründung als Sozialistische Partei/Demokratische Wahlen beschlossen/Ungarn auf dem Weg zur Marktwirtschaft

Sowjetunion
„Glasnost" (Offenheit): Aufarbeitung der Vergangenheit/ „Perestroika" (Umbau der Wirtschaft): Wettlauf mit der Versorgungsmisere/Nationalitätenkonflikte/Autonomiebestrebungen/Streikgesetz

Polen
Einführung des Mehrparteiensystems/Kommunisten geben Führung der Regierung an „Solidarität" ab/Polen auf dem Weg zur Marktwirtschaft

Rumänien
Verhärtung des stalinistischen Kurses im Inneren/Wirtschaftskrise/Minderheiten-Konflikt mit Ungarn

Bulgarien
Abwartende Haltung/Privatwirtschaftliche Experimente

7961 © Globus

Stand: 1989

3.   Die Auflösung der DDR

T 1 / Egon Krenz:
Am Scheideweg

1 [...] Ich teile Ihre Einschätzung
vom Ernst der Lage und sehe
wie Sie den Scheideweg, vor
dem die Republik steht.
5 Seien Sie versichert, daß ich
alles mir Mögliche tun werde,
um mitzuhelfen, „in unserem
Land eine solidarische Gesellschaft zu entwickeln, in der
10 Frieden und soziale Gerechtigkeit, Freiheit des einzelnen,
Freizügigkeit aller und die Be-
wahrung der Umwelt gewähr-
leistet sind".
15 Wir haben die historische Verantwortung, dieses Land mit seinen antifaschistischen und hu-
manistischen Idealen und Tradi-
tionen als sozialistische Alterna-
20 tive deutscher Entwicklung zu
bewahren.

(Neues Deutschland vom 30. November 1989)

T 2 / Günter Kunert,
DDR-Schriftsteller

1 Die gegenwärtig erhobene Forderung nach einer Erneuerung
des Systems übertüchtiger Rui-
nenbaumeister (wirkt) wie ein
5 später und deplazierter Scherz.
Nun endlich, heißt es, werde
man auf den Trümmern des zu-
sammengebrochenen ein wahr-
haft bewohnbares Haus errich-
10 ten. Ergo jene angestrebte Gesellschaft, die ihre Widersprüche und Gegensätze gewaltfrei
und menschlich behandeln würde. Diese Hoffnung ist trüge-
15 risch. Denn sie ignoriert den
ökonomischen und ökologi-
schen Zustand des Landes [...].
Auch der Traum vom „demokratischen Sozialismus" wird wohl
20 eher verhallen, als daß er
irgendwelche Wirkung zeitigt.
Nach vier Jahrzehnten einer am
Grünen Tisch erdachten, der
Bevölkerungsmajorität aufgenö-
25 tigten Ordnung kann eine Modi-
fikation dieser oder analoger
Ordnungen keine Chance mehr
haben. [...]

(In: Naumann, Michael [Hrsg.]:
„Die Geschichte ist offen", Reinbek 1990,
S. 97 – 103)

Arbeitsaufträge

1. Beurteilen Sie vor dem Hintergrund der Ereignisse 1989/90 die Aussage von Egon Krenz.

2. Welche Bedenken äußert Kunert hinsichtlich einer „Erneuerung des Systems"?

3. Warum hält er eine solche Zielsetzung für unrealistisch?

4. Stellen Sie dar, in welchen Schritten sich die Auflösung der DDR tatsächlich vollzog.

CHRONOLOGIE

1989

13. November: Der SED-Reformpolitiker Hans Modrow wird zum neuen Regierungschef gewählt.

28. November: **Zehn-Punkte-Programm** Kohls

1. Dezember: Die Volkskammer streicht die Führungsrolle der SED aus der Verfassung. Gegen sechs ehemalige hohe SED-Funktionäre – unter ihnen Honecker – werden Ermittlungsverfahren wegen Amtsmissbrauch und Korruption eingeleitet.

6. Dezember: Krenz legt sein Amt als Staatsratsvorsitzender nieder.

7. Dezember: Der „**Runde Tisch**" tagt erstmals.

8./9. Dezember: Auf dem vorgezogenen SED-Sonderparteitag wird Gregor Gysi zum neuen SED-Chef gewählt.

16./17. Dezember: Die SED bricht mit ihrer kommunistischen Vergangenheit und ergänzt ihren Namen. Sie heißt jetzt SED-PDS und seit 4. Februar nur noch PDS.

19. Dezember: Bei ihrem ersten Treffen in Dresden vereinbaren Modrow und Kohl Verhandlungen über eine deutsch-deutsche **Vertragsgemeinschaft.**

22. Dezember: Das Brandenburger Tor wird geöffnet.

1990

30. Januar: Gorbatschow gesteht Modrow in Moskau zu, das Zusammenrücken der DDR und der BRD auf dem Wege einer **Konföderation** weiter zu verfolgen.
Honecker vorübergehend in U-Haft.

5. Februar: Der „Runde Tisch" tritt mit acht Ministern ohne Ressorts in die Regierung Modrow ein.

11. Februar: Gorbatschow in einer Erklärung an Kohl in Moskau: „Die Deutschen sollen selbst wählen, in welcher Staatsform, in welcher Geschwindigkeit und unter welchen Bedingungen sie ihre Einheit verwirklichen."

20. Februar: Verabschiedung eines Wahlgesetzes für freie und geheime Wahlen in der DDR

18. März: Volkskammer-Wahlen: Wahlbündnis „Allianz für Deutschland" (CDU, DSU, Demokratischer Aufbruch) erhält 48% der Stimmen.

12. März: Lothar de Maizière zum neuen Ministerpräsidenten einer Großen Koalition gewählt (CDU 10 Minister, DSU 2, DA 1, LDP 2, FDP 1, SPD 7)

6. Mai: Erste demokratische Kommunalwahlen in der DDR

14. Mai: Bundeskanzler Kohl drängt auf gesamtdeutsche Wahlen für den Oktober 1990.

SACHINFORMATIONEN

Zehn-Punkte-Programm

Zehn-Punkte-Programm für Deutschland

Bundeskanzler Kohl im Bundestag am 28.11.1989

Ziel: Bundesstaatliche Ordnung für ganz Deutschland

Mögliche Stufen der Annäherung zwischen den beiden deutschen Staaten...

Konföderative Strukturen zwischen beiden Staaten — Neue Formen institutioneller Zusammenarbeit

Vertragsgemeinschaft — Dichtes Netz von Vereinbarungen, Gemeinsame Einrichtungen

Umfassende Hilfe und Zusammenarbeit — Bedingung: Unumkehrbare Reformen in der DDR

Bestehende Zusammenarbeit vertiefen — Umweltschutz, Verkehr, Wirtschaft, Forschung, Kultur

Soforthilfe — Humanitäre Hilfe, Devisenfonds für Westreisen und andere Maßnahmen

Fortschritte im KSZE-Prozess

Stärkung der EG

Abrüstung, Rüstungs-kontrolle

...eingebettet in die gesamteuropäische Entwicklung

ZAHLENBILDER

© Erich Schmidt Verlag   58 280

Vertragsgemeinschaft

Bundeskanzler Kohl und Minister-präsident Modrow erwogen im November 1989 den Plan einer „Vertragsgemeinschaft": Beide Staaten sollten ihre Eigenständigkeit und ihre Gesellschaftsordnungen behalten, auf vielen Gebieten jedoch eng zusammenarbeiten und sich so schrittweise annähern.

Konföderationsplan

Im Januar 1990 sprach man statt von einer „Vertragsgemeinschaft" von einer „Konföderation" beider souveräner deutscher Staaten, die jedoch außenpolitisch gemeinsam auftreten sollten.

Beitritt der Länder der DDR zur Bundesrepublik Deutschland

Ein verfassungsrechtlicher Streit entzündete sich am „richtigen Weg" zur deutschen Einheit. Zwei Möglichkeiten standen zur Wahl: Die DDR als Ganzes oder die fünf wieder herzustellenden Länder der DDR beantragen jeweils für sich

137

den Beitritt zur Bundesrepublik Deutschland (Artikel 23). Oder:
Eine Verfassunggebende Versammlung arbeitet für ganz Deutschland eine Verfassung aus, die dann einem Volksentscheid unterworfen wird (Art. 146).

Artikel 23 Grundgesetz

„Dieses Grundgesetz gilt zunächst im Gebiete der Länder [folgt Aufzählung der westdeutschen Länder]. In anderen Teilen Deutschlands ist es nach deren Beitritt in Kraft zu setzen."

Artikel 146 des Grundgesetzes

„Dieses Grundgesetz verliert seine Gültigkeit an dem Tage, an dem eine Verfassung in Kraft tritt, die von dem deutschen Volke in freier Entscheidung beschlossen worden ist."

Runder Tisch

➜ Sachinformationen zu G1

Volkskammerwahlen vom 18. März

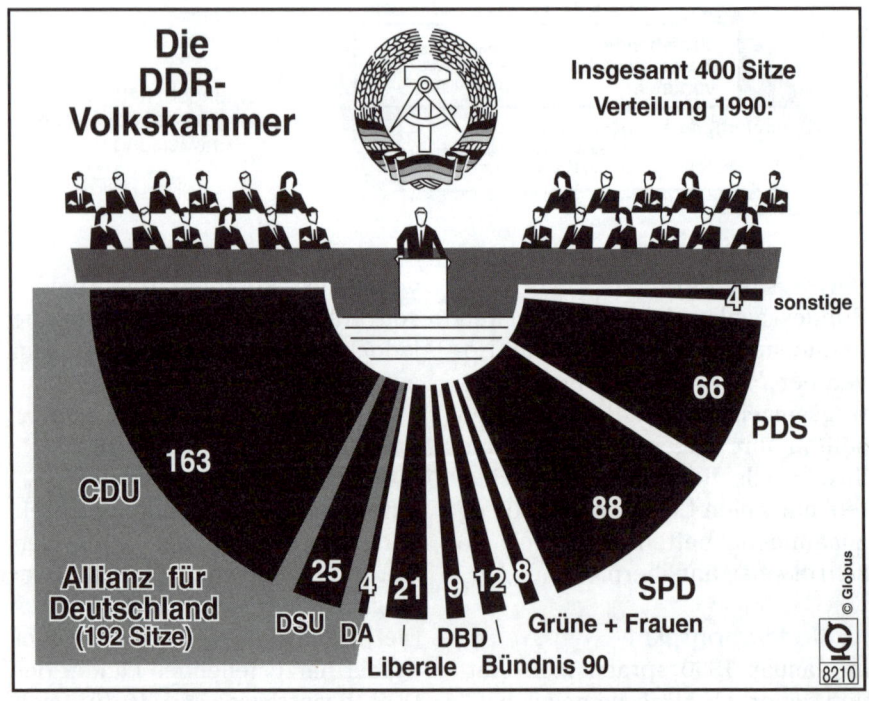

Die DDR-Volkskammer

Insgesamt 400 Sitze
Verteilung 1990:

© Globus
8210

4 — sonstige

66
PDS

163
CDU

88

25 4 21 9 12 8

Allianz für Deutschland
(192 Sitze)

DSU DA   DBD   SPD
     | | Grüne + Frauen
Liberale   Bündnis 90

4. Von der politischen zur wirtschaftlichen Einheit

Das deutsche Wagnis:
Stimme aus dem Westen

1 Die Einführung der D-Mark am 1. Juli 1990 in der DDR ist das Material, aus dem historische Legenden gestrickt werden:
5 Sachverständige hatten gewarnt; eine Regierung hat allen Warnungen zum Trotz gehandelt. Die vorausgesagten Folgen sind eingetreten, und sie werden
10 den eine lange Wirkung haben. Es wird mehr Arbeitslosigkeit und Probleme geben als in den letzten Wochen des unabhängigen DDR-Staates. [...]
15 Zunächst einmal ist festzuhalten, wem die Bewohner der DDR ihre heutigen Probleme verdanken: nicht der neuen Freiheit und nicht dem Markt, sondern
20 der Unverträglichkeit ihrer Gefängniswirtschaft mit Freiheit und Markt. [...]
Wie hoch wäre die Übersiedlungswelle geworden, wenn
25 nicht die Bundesrepublik in ganz erheblichem Umfange Finanzhilfe für Investitionen und Arbeitsbeschaffung in der DDR zugeschossen hätte? [...] Und
30 wer glaubt denn, daß eine auf sich selbst gestellte DDR-Regierung, die nicht nur rechtlich,

sondern auch ideologisch schwierige Eigentumsprobleme
35 und die Vorurteile gegen „Ausverkauf" und „Ellenbogengesellschaft" bewältigt hätte? Und was hätte das für die – auch heute noch unzureichende –
40 Investitionsbereitschaft der westlichen Unternehmer bedeutet? [...] Man braucht kein Ökonom zu sein, um zu wissen, daß die Vereinigung [...] zu schwer-
45 wiegenden wirtschaftlichen Verwerfungen, zu sozialen Konflikten und zu politischen Spannungen führen muß. Aber wer politisch denkt und nicht nur par-
50 teitaktisch, der muß zugeben, daß es einen anderen Weg als den der schnellen Wirtschaftsunion – leider – nicht gab.
Der Kurs war richtig gesetzt. Es
55 gab keine Alternative zur Wirtschafts- und Währungsunion. Der „andere Weg" ist eine Legende.

(Klaus von Dohnányi, Ausschnitte aus DER SPIEGEL 39/24. September 1990)

139

Arbeitsaufträge

1. *Welche Argumente bringt von Dohnányi für die Währungsunion vor?*

2. *Welche Folgen sieht von Dohnányi auf das vereinte Deutschland zukommen?*

3. *Informieren Sie sich anhand der Sachinformationen über die Bedeutung und Durchführung der Währungsunion.*

4. *Stellen Sie die Einstellungen der ehemaligen Siegermächte und Polens zur deutschen Wiedervereinigung dar?*

DDR	Deutsch-deutsche Ereignisse	Internationaler Rahmen

CHRONOLOGIE

1989

28. Nov.	Zehn-Punkte-Programm Kohls	
19. Dez.	Vorbereitung einer Vertragsgemeinschaft	

1990

30. Jan.		Zustimmung Gorbatschows zur Wiedervereinigung
6. März	Beschluss der Volkskammer über die Einführung der sozialen Marktwirtschaft	
18. März	Volkskammerwahlen, Wahlsieg der „Allianz für Deutschland"	
12. April	Regierung de Maizière	
28. April		Zustimmung des europäischen Rats zur Vereinigung Deutschlands
5. Mai		Beginn der 2+4-Gespräche

7. Juni		Zustimmung der Warschauer-Pakt-Staaten zur Wiedervereinigung
14. – 16. Juni		Treffen Gorbatschow – Kohl im Kaukasus (Durchbruch für die Wiedervereinigung)
21. Juni		Entschließung des Bundestags zur Endgültigkeit der deutsch-polnischen Grenze
1. Juli	**Wirtschafts-, Währungs- und Sozialunion**	
23. Aug.	Beschluss der Volkskammer zum Beitritt nach Art. 23 GG	
31. Aug.	**Einigungsvertrag**	
12. Sept.		Unterzeichnung der **2+4-Vereinbarung**
20./ 21. Sept.	Verabschiedung des Einigungsvertrags	
25. Sept.		Regelung der sicherheitspolitischen Probleme der Wiedervereinigung
3. Okt.	**Tag der Wiedervereinigung**	

SACHINFORMATIONEN

Allianz für Deutschland

Zusammenschluss von CDU, DSU, der neu gegründeten „Deutschen Sozialen Union", und des „Demokratischen Aufbruchs". Die Allianz trat für das Konzept Kohls ein: Der Artikel 23 des Grundgesetzes eröffne mit dem Beitritt den schnellsten und sichersten Weg, da die unsichere weltpolitische Lage einen schnellen Einigungsprozess verlange.

2+4-Vertrag

Die Wiedervereinigung weckte nicht nur bei den östlichen Nachbarn alte Ängste vor einem vereinten Deutschland. Beide deutsche Staaten gehörten auch unterschiedlichen Bündnissystemen an (NATO und Warschauer Pakt). Diese Fragen wurden in Verhandlungen zwischen den vier ehemaligen Siegermächten und den beiden deutschen Staaten erörtert. USA und BRD strebten eine NATO-Mitgliedschaft, die SU die Neutralität des wiedervereinigten Deutschlands an. Bei einem Treffen Kohls mit Gorbatschow lenkte der Generalsekretär ein.

Nach der Bekräftigung der Unverletzlichkeit der polnischen West-

Der 2+4 Vertrag

Die wichtigsten Vertragsinhalte

Das vereinte Deutschland umfasst die Bundesrepublik, die DDR und ganz Berlin

Die bestehenden Grenzen sind endgültig. Keine Gebietsansprüche Deutschlands gegen andere Staaten. Bestätigung der Oder-Neiße-Grenze durch deutsch-polnischen Vertrag

Deutschland bekräftigt sein Bekenntnis zum Frieden und seinen Verzicht auf ABC-Waffen

Beschränkung der deutschen Streitkräfte auf 370 000 Mann

Abzug der sowjetischen Truppen aus der DDR und Ost-Berlin bis Ende 1994

Danach dürfen NATO-angehörige deutsche Truppen, aber keine ausländischen Streitkräfte, keine Atomwaffen und keine Atomwaffenträger auf ostdeutschem Gebiet stationiert werden

Beendigung der Viermächte-Rechte und -Verantwortlichkeiten in Bezug auf Berlin und Deutschland als Ganzes

Volle Souveränität des vereinten Deutschland

„Vertrag über die abschließende Regelung in Bezug auf Deutschland" vom 12.9.1990

ZAHLENBILDER

58 310

grenze durch die Bundesrepublik konnten die polnischen Bedenken gegen die Wiedervereinigung ausgeräumt werden. Im 2+4-Abkommen wurde die volle Souveränität Deutschlands wiederhergestellt und der Weg zur Vereinigung eröffnet.

Wirtschafts-, Währungs- und Sozialunion (Staatsvertrag)

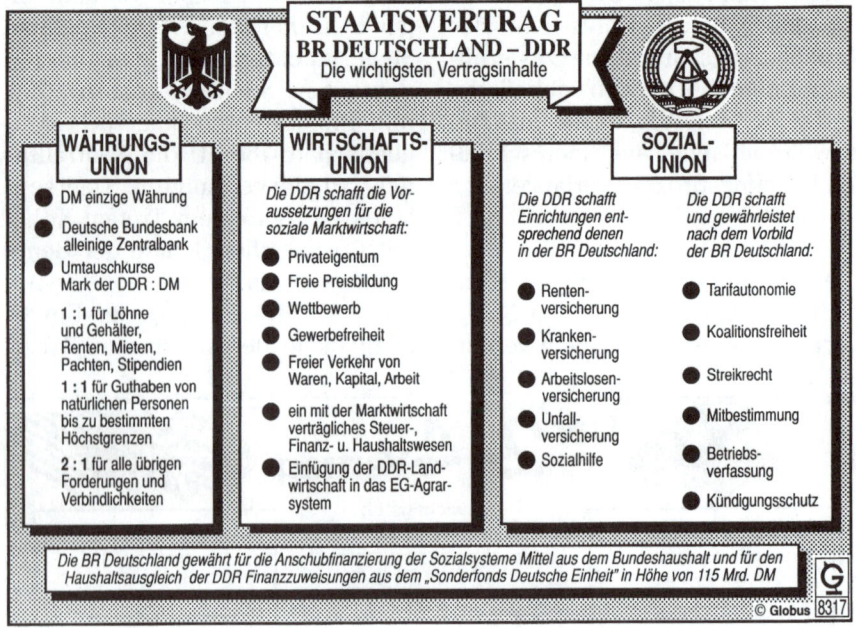

Einigungsvertrag

Die Verhandlungen über einen Einigungsvertrag waren von der DDR gewünscht worden. Sie wollte nicht einfach beitreten und sofort Bundesrecht übernehmen, sondern so weit wie möglich fixieren, wie das alte DDR-Recht übergeleitet werden sollte. Der Einigungsvertrag befasste sich v. a. mit dem Verwaltungsrecht, Strafrecht und EG-Recht.

Vor allem die schwierigen Eigentumsfragen waren zu lösen: Rückgabe oder Entschädigung standen zur Debatte.

Zusammenfassung

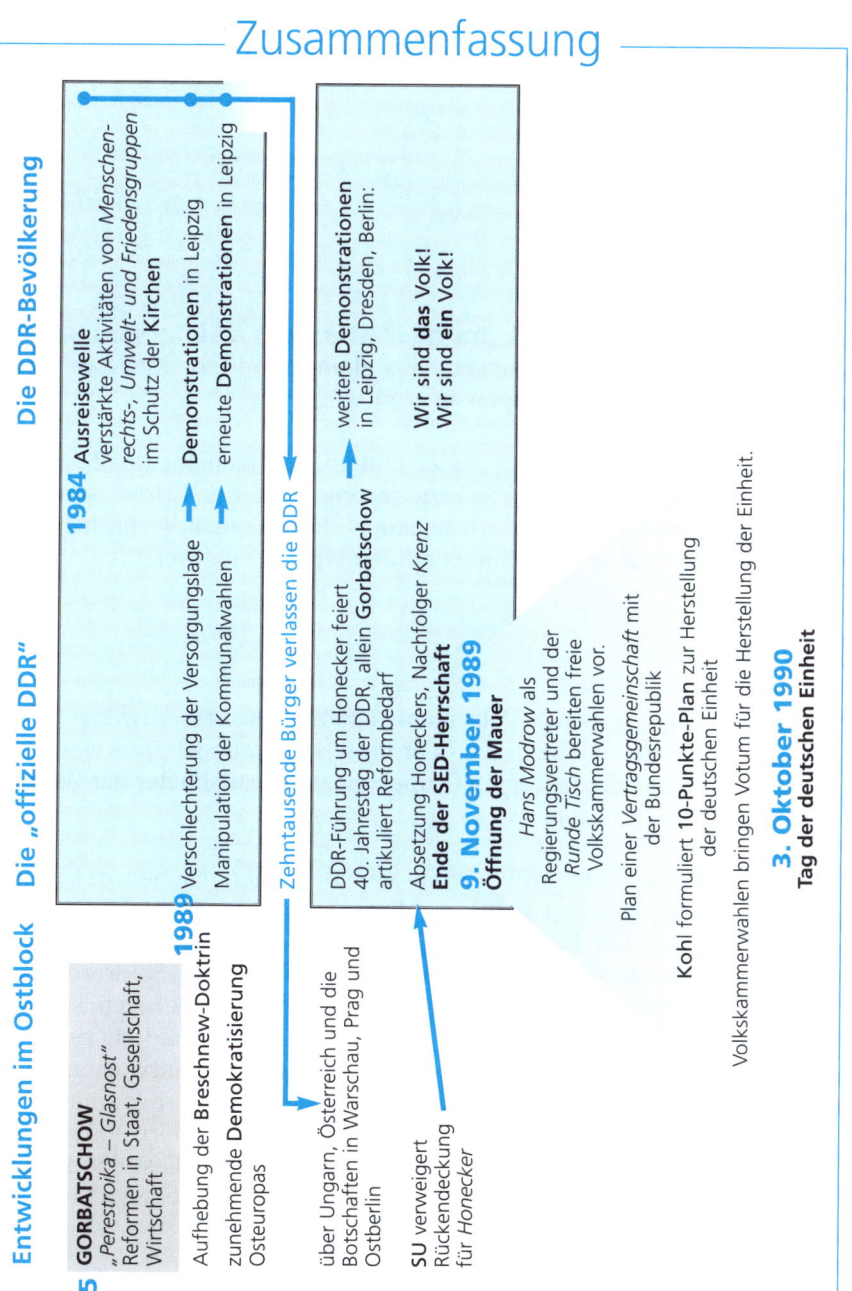

Entwicklungen im Ostblock

1985

GORBATSCHOW
„Perestroika – Glasnost"
Reformen in Staat, Gesellschaft,
Wirtschaft

Aufhebung der **Breschnew-Doktrin**

zunehmende **Demokratisierung**
Osteuropas

über Ungarn, Österreich und die
Botschaften in Warschau, Prag und
Ostberlin

SU verweigert
Rückendeckung
für *Honecker*

Die „offizielle DDR"

1989 Verschlechterung der Versorgungslage

Manipulation der Kommunalwahlen

Zehntausende Bürger verlassen die DDR

DDR-Führung um Honecker feiert
40. Jahrestag der DDR, allein **Gorbatschow**
artikuliert Reformbedarf

Absetzung Honeckers, Nachfolger *Krenz*
Ende der SED-Herrschaft

9. November 1989
Öffnung der Mauer

Hans Modrow als
Regierungsvertreter und der
Runde Tisch bereiten freie
Volkskammerwahlen vor.

Plan einer *Vertragsgemeinschaft* mit
der Bundesrepublik

Kohl formuliert **10-Punkte-Plan** zur Herstellung
der deutschen Einheit

Volkskammerwahlen bringen Votum für die Herstellung der Einheit.

3. Oktober 1990
Tag der deutschen Einheit

Die DDR-Bevölkerung

1984 Ausreisewelle
verstärkte Aktivitäten von *Menschen-
rechts-, Umwelt- und Friedensgruppen*
im Schutz der **Kirchen**

Demonstrationen in Leipzig

erneute **Demonstrationen** in Leipzig

weitere **Demonstrationen**
in Leipzig, Dresden, Berlin:

Wir sind das Volk!
Wir sind ein Volk!

H Methodik

1. Demoskopie

Definition

Die Demoskopie („das Volk betrachten") versucht mithilfe sozialwissenschaftlicher Methoden, Meinungen, Einstellungen oder Bedürfnisse repräsentativer Bevölkerungsgruppen zu ermitteln.

In der Wirtschaft dient sie in erster Linie als Instrument der Marktforschung, in der Politik der Wählerbefragung oder der Erforschung des Wählerverhaltens. Als Hörer-, Zuschauer-, Leser- oder Verbraucherforschung wird sie von der Werbung und den Medien eingesetzt.

Methode

Für eine Umfrage werden im Allgemeinen **2000 Personen** entweder telefonisch, im persönlichen Gespräch oder mittels Fragebogen interviewt. Die Zusammensetzung der befragten Gruppe muss statistisch der der Gesamtbevölkerung entsprechen.

Um Aussagen über eine große Anzahl von Menschen machen zu können, muss die Forschung die komplexen Hintergründe der Einstellungen und Handlungsweisen der Befragten weitgehend ausschalten und die Untersuchung auf einige messbare Merkmale konzentrieren. So werden die befragten Personen nicht um ausformulierte Antworten gebeten, sondern müssen zwischen mehreren Vorgaben wählen. Die Entscheidung zwischen vorgegebenen Kategorien schließt eine differenzierte Beantwortung aus. Viele von der Demoskopie untersuchte Themen (z. B. Fragen nach den Lebenszielen) können nicht direkt erfragt werden, sondern müssen anhand von so genannten **Indikatoren** ermittelt werden. Diese Indikatoren müssen anschließend in demoskopische Ergebnisse „übersetzt" werden, was eine Fehlerquelle in sich birgt.

Politische Demoskopie: Aussagen zum Wahlverhalten

Grundlage von **Wahlprognosen** ist die so genannte Sonntagsfrage: *„Was würden Sie wählen, wenn am kommenden Sonntag gewählt werden würde?"* Grundlage der Befragung ist eine Zusammenstellung sämtlicher Stimmbezirke zur letzten Bundestagswahl mit Angaben über die jeweilige Anzahl der Haushalte und der wahlberechtigten Personen. Man hat so 64 000 Bezirke, aus denen man eine per Computer erstellte Zufallsstichprobe von 420 Stimmbezirken zieht. In jedem der ausgewählten Stimmbezirke wird nun durch die Interviewer eine Auflistung von Haushaltsadressen vorgenommen. Aus jeder Liste werden nun – wiederum nach dem Zufallsprinzip – z. B. fünf Adressen ausgewählt. In diesem Fall bekäme man eine Zufallsstichprobe von 2100 Haushalten. In diesen ausgewählten Privathaushalten wird nach dem Geburtstagsprinzip der Interviewpartner bestimmt (niedrigste Zahl zwischen 1 und 31). Manche Personen werden auch nach mehrmaligem Besuch nicht angetroffen. Ein anderer Teil der Gesprächspartner verweigert die Antwort. In der Praxis kommen so von den 2100 ausgewählten Haushalten tatsächlich nur 1500 Rückmeldungen.

Bei Wahlprognosen wird deshalb so vorgegangen, das man zu den ermittelten Rohdaten die vorangegangenen Wahlergebnisse hinzuzieht. Grundsätzlich sind drei Komponenten notwendig:
1. Das Ergebnis der Sonntagsfrage,
2. das Ergebnis der so genannten Rückerinnerung („Würden Sie mir sagen, welche Partei Sie bei der letzten Wahl gewählt haben?"),
3. das amtliche Ergebnis der letzten Wahl.

So ergibt sich beispielsweise folgende Möglichkeit: Hat eine Partei A bei der letzten Wahl 50 Prozent der Stimmen erhalten und kommt in der Rückerinnerung aber nur auf einen Wert von 45%, so ergibt sich ein Gewichtungskoeffizient von 50 : 45 = 1,11.

In einem zweiten Schritt müssen diejenigen knapp 30% der Befragten, die die Auskunft verweigerten, berücksichtigt werden. Dafür werden so genannte „statistische Zwillinge" gesucht, d. h. Personen, die eine klare Parteiaussage gemacht haben und deren Daten mit denjenigen des „Verweigerers" übereinstimmen.

Letztendlich wird das Vorhersageergebnis dadurch ermittelt, dass kurz vor dem Wahltermin in möglichst kurzen Abständen immer wieder Umfragen durchgeführt werden, um den Trend bis unmittelbar vor die Wahlen verfolgen zu können.

Die unmittelbar nach Ende der Wahlen um 18:00 ermittelten Prognosen stützen sich auf so genannte **„Exit Polls"**, Befragungen nach der Wahl. Es handelt sich um Interviews mit Personen, die nach ihrer Stimmabgabe das Wahllokal verlassen. Dazu werden meist über 5000 Interviews geführt. Diese Ergebnisse sind aufgrund der größeren Befragtenmenge und der Unmittelbarkeit wesentlich genauer als diejenigen der Sonntagsfrage.

Hochrechnungen sind Berechnungen einer Gesamtheit auf der Basis von Teilmengen. Teilmengen sind in diesem Fall bereits ausgezählte Ergebnisse ausgesuchter Stimmbezirke. Die ausgewählten Stimmbezirke sind so zusammengestellt, dass sie insgesamt ein verkleinertes Abbild des Bundeswahlgebietes darstellen. Dies ist eine Stichprobe. Sie trifft nicht nur das Wahlergebnis, sondern repräsentiert auch die sozialstrukturelle Zusammensetzung der Bundesrepublik.

Die letzten Meinungsumfragen zur Bundestagswahl vom 16.10.1994:

	Allensbach (14.10.94)	Emnid (8.10.94)	Forsa (13.10.94)	Forschungs-gruppe Wahlen (10.10.94)	tatsäch-liches Ergebnis
CDU/CSU	41,0	42,0	43,0	42,5	(41,4)
SPD	35,5	37,0	38,0	35,5	(36,4)
FDP	7,5	6,0	5,0	6,0	(6,9)
Bündnis 90/ Grüne	8,0	7,0	7,0	8,0	(7,3)
PDS	4,0	4,0	3,0	3,5	(4,4)
REP	2,5	2,0	2,0	2,0	(1,9)

(nach: DIE WELT vom 15.10.1998)

Bewertung

Obwohl sich mehrere Institute den Markt teilen, wird man dennoch die Frage nach der Zuverlässigkeit der Demoskopie stellen müssen. Die Demoskopen selbst räumen ein, dass sie es mit Wahrscheinlichkeiten und nicht mit Sicherheiten zu tun haben. Die Demoskopie kann Stimmungen erforschen, aber nicht Stimmen zählen. Mit der Sonntagsfrage kann eine Momentaufnahme der politischen Stimmung erfragt werden, jedoch nicht das Wahlergebnis vorweggenommen werden.

Bis zuletzt gibt es Wähler, die sich noch nicht entschieden haben oder ihre Meinung noch ändern. – **Last-minute-swing** nennen die Demoskopen dieses Phänomen, das an Bedeutung gewinnt, weil die Parteien immer weniger Stammwähler haben.

Die Demoskopie ist ein hilfreiches Instrument, wenn sie kritisch eingesetzt wird. Doch in der Tagespolitik birgt sie auch einige Gefahren: Sind demokratische Politiker nicht immer wieder in der Versuchung, sich auf Ergebnisse der Meinungsforschung zu berufen, als offenbare sich darin der Wille des ganzen Volkes? Verführt das Instrument der Demoskopie Politiker nicht immer wieder dazu, allzu besorgt auf die vermeintliche Stimme des Volkes zu hören und sich daran zu orientieren, anstatt eine klare politische Linie konsequent (und transparent) zu verfolgen?

2. Historische Fotografien

Vorbemerkungen

Es gibt die Welt und die Bilder von der Welt. Kirche und Staat instrumentalisieren gleichermaßen die Macht, die von Bildern ausgeht, und profitieren von der Bildgläubigkeit der Menschen. Besonders moderne Diktaturen haben die Rolle der Bilder als Instrument der Machtausübung erkannt und zielstrebig genutzt. Bilder wurden in den Dienst der Staatsidee gestellt, sie waren Mittel der Propaganda: so der historische Händedruck in Potsdam vom 21. März 1933 zwischen Hitler und Hindenburg, der als Legitimation des nationalsozialistischen Machtanspruchs durch die alte Machtelite verstanden werden sollte.

Das 20. Jahrhundert ist das Jahrhundert der Bilder. Die tägliche Flut von Bildern, die bewusst oder unbewust wahrgenommen wird, prägt die Vorstellung von der Realität. Aber kein Bild ist authentisch, kein Foto objektiv. Der Fotograf entscheidet subjektiv. Er reißt den Bildausschnitt aus dem Zusammenhang, befindet über Ort und Zeit, bestimmt Blickwinkel und Objekt – er inszeniert. Der allgemein verbreitete Glaube, dass Abbildungen der Wirklichkeit verlässlich sind, fördert die Manipulation und verleitet dazu, Fotografien zu fälschen.

Es wird immer leichter, Fotografien zu produzieren, aber auch zu manipulieren. Die Verlockungen der Möglichkeiten sind groß. „Wer die Bilder beherrscht, beherrscht auch die Köpfe", so eine Erkenntnis, die Bill Gates zugeschrieben wird. Dank moderner Technik, vielfältiger Medien und der Popularität des Internets können Bilder leicht hergestellt und massenhaft in Umlauf gebracht werden. Ein kritischer Umgang mit dem Medium „Fotografie" ist daher unerlässlich.

Ein Beispiel* aus der Zeit des Kalten Krieges

Eine Veränderung der Perspektive, eine entsprechende Bearbeitung des Fotos und ein gezielter Kommentar können aus einer harmlosen Alltagsszene eine propagandistische Abbildung machen, die gezielt Emo-

---

* Nach: Haus der Geschichte der Bundesrepublik Deutschland (Hrsg.): X für U. Bilder, die lügen. Bonn 1998, S. 9 ff.

tionen beim Betrachter hervorrufen soll. So wurde das Bild links im Herbst 1976 in einer Kinderkrippe in der DDR im Bezirk Leipzig aufgenommen. Die Kinder tragen nach einem gemeinsamen Bad gestreifte Frotteeanzüge. Zwei Jahre später wurde aus diesem Foto die Darstellung von „Kindern in Häftlingskleidung" produziert. Die Aufnahme soll angeblich aus einem Sowjet-KZ in der UdSSR geschmuggelt worden sein und Kinder darstellen, die von Müttern in Haft geboren wurden und erst mit der Entlassung der Eltern freikommen würden.

(Aus: Haus der Geschichte [Hrsg.], X für U, Bilder, die lügen. Haus der Geschichte der Bundesrepublik Deutschland 1999, S. 69)
Bildnachweis: Bundesarchiv Koblenz, Waltraut Raphael, Bild 183/R 1122/22

Zur Arbeit mit Fotografien als historische Quellen

„Die Macht des Bildes liegt in seiner Unmittelbarkeit, und darin liegt auch seine Gefahr[2]". Wenn diese Einschätzung ernst genommen wird, dann muss auch die historische Fotografie einer kritischen Befragung unterworfen werden. Am Beispiel der berühmten Fotografie von Joe Rosenthal „Hissung der amerikanischen Siegesfahne auf der Pazifikinsel Iwo Jima"[3] soll dies exemplarisch gezeigt werden:

2   Gisèle Freund, französische Historikerin und Fotografin, a.a.O., S. 68
3   s. a. a.a.O:, S. 47

Joe Rosenthals legendäres Kriegsfoto

Marines hissen die US-Flagge auf Iwo Jima, 23. Februar 1945 (AKG, Berlin)

Bearbeitungsfragen

(a) Wann, (b) wo und (c) wozu wurde das Foto aufgenommen?

(a) 23. Februar 1945, (b) auf der japanischen Insel Iwo Jima im Pazifik, c) um den Augenblick des Sieges festzuhalten.

Wo wurde das Foto veröffentlicht?

Bildagentur Associated Press veröffentlichte das Bild weltweit.

Was stellt es dar? Welche Einzelheiten sind wahrzunehmen?

Vier Soldaten rammen einen Eisenstab mit der amerikanischen Flagge in einen Steinhaufen. Die Soldaten haben Kampfanzüge und ihre Stahlhelme an. Beides deutet auf gerade überstandene Kampfeinsätze hin.

An wen wendet es sich?

An die amerikanische Nation, an die Landsleute in der Heimat; an alle (friedliebenden?) Menschen in aller Welt

War das Foto eine Auftragsarbeit? Wurde es aus Eigeninteresse aufgenommen? War es ein zufälliger Schnappschuss? Wurde das Motiv extra arrangiert?

Das Motiv ist gestellt gewesen, was auf eine Auftragsarbeit schließen lässt. Zumindest hatte der Fotograf eine bestimmte Wirkung vor Augen. Auf dem ursprünglichen Foto erscheint das Sternenbanner nur sehr klein und nebensächlich. Der Fotograf ließ die Fahnensetzung nachstellen, wobei die Fahne einen großen Teil des Bildes einnahm und die Soldaten mit großem (patriotischen) Engagement gezeigt werden.

Welche Technik (Fotopapier, Belichtung, Objektive etc.) wurde verwendet?

Es handelt sich um eine Schwarz-Weiß-Aufnahme. Beide Fotos scheinen mit einem Teleobjektiv aufgenommen worden zu sein.

Welche Größe (Detail-, Groß-, Nahaufnahme, Totale, Halbtotale), welche Perspektive (Normal-, Seiten-, Frosch-, Vogelperspektive) benutzte der Fotograf?	Die Perspektive vermittelt eine Sicht, die leicht von unten nach oben gerichtet ist, wobei der Fotograf nahezu auf einer Höhe mit den Soldaten steht. Beim ersten Foto scheint er sich in der Szene befunden zu haben, wodurch eine größere Unmittelbarkeit erzielt wird. Das ursprüngliche Foto wirkt distanzierter.
Wurde das Foto eventuell nachträglich manipuliert? (Eventuell Vergleich zu anderen Fotos)	Auf der Schwarz-Weiß-Aufnahme ist keine zusätzliche Manipulation erkennbar. Die dramatische Wirkung des gestellten Fotos ist möglicherweise durch eine Bearbeitung des Bildkontrasts verstärkt worden.
Wie versucht die Bildlegende die Wahrnehmung bzw. Interpretation der Abbildung zu lenken?	keine Bildlegende

Zur Vorgeschichte ist es wichtig zu wissen, dass sich amerikanische und japanische Truppen im Februar 1945 auf der japanischen Vulkaninsel Iwo Jima eine der blutigsten Schlachten des Zweiten Weltkrieges lieferten. Ein Drittel aller Toten des US-Marinekorps fiel in diesem Kampf. Erst vier Tage nach der Landung gelang es den Marines, die japanischen Verteidiger zu vertreiben. Auf dem Gipfel eines erloschenen Vulkans befestigten sie eine kleine amerikanische Flagge an einem langen Eisenstab. Als der Kriegsfotograf *Joe Rosenthal* auf der Insel ankam, wehte sie bereits seit drei Stunden im Wind. Aber die Fahne war klein, von weitem nur mit einem Feldstecher zu sehen. Da jedoch „der Anblick einer Siegesflagge für die Moral kämpfender Truppen wichtig ist", befahl ein Offizier, eine größere Fahne auf den Gipfel zu bringen. Dort fotografierte Rosenthal, wie die Soldaten die Fahnenstange mit der neuen Flagge in einen Steinhaufen wuchteten.

AP veröffentlichte das Foto weltweit, Rosenthal erhielt den angesehenen Pulitzerpreis und wurde berühmt. Das Bild wurde zum legendären Kriegsfoto Amerikas – zu einer patriotischen Ikone. Noch 1945 erschien in den USA eine Briefmarke mit diesem Foto. Erfolgreich warb das Bild 1945 für den Verkauf der siebten und letzten Kriegsanleihe. Das Motiv wurde in Sandstein gemeißelt und ehrt als über hundert Tonnen schweres Bronzemonument auf dem Soldatenfriedhof von Arlington die gefallenen Soldaten. Schließlich wurde die Fahne ein weiteres Mal 1949 in einem Spielfilm gehisst, in *The Sands of Iwo Jima* mit John Wayne in der Hauptrolle.

I Musterlösungen zu den Arbeitsaufträgen

B Deutschland unter der Besatzungsherrschaft

T 1 / 1.

politisch:
- Entmilitarisierung
- Schuld / Verantwortung
- Entnazifizierung
- Demokratisierung
- Dezentralisierung

wirtschaftlich:
- Deutschland als wirtschaftliche Einheit
- Friedenswirtschaft
- Dezentralisierung
- Schwergewicht auf Landwirtschaft

Reparationszahlungen

T 1 / 2.

- *„Wiederaufbau des politischen Lebens auf demokratischer Grundlage"*
Der Begriff demokratisch ist interpretierbar: Republik oder Volksrepublik? Beide Vorstellungen sind von ihrem jeweiligen Selbstverständnis (Westalliierte und UdSSR) her „demokratisch".
- *„sollen überall in Deutschland demokratische Parteien erlaubt werden"*
Auch hier stellt sich dasselbe Problem: Geht es um demokratische Parteien entsprechend der westlichen Vorstellung von einer parlamentarischen Demokratie oder um „Parteien neuen Typs", wie sie der Sowjetunion vorschwebten? Beide bezeichnen sich als demokratisch und stehen damit nicht im Widerspruch zum Vertragstext.
Die Frage nach einer Zentralregierung wird ausdrücklich zurückgestellt auf einen nicht näher genannten Zeitpunkt.
Auch die Höhe und die Dauer der Reparationen werden nicht näher bestimmt.
Somit wird deutlich, dass der Vertragstext das Ergebnis von Kompromissen war, die vordergründig die weltanschaulichen Gegensätze zwi-

schen den Alliierten ignorierten, in der Ausführung aber einen weiten Spielraum offen ließen, der es jeder Besatzungsmacht erlaubte, die Bestimmungen unterschiedlich auszulegen.

T 1 / 3.
Die deutsche Bevölkerung soll einer „einheitlichen Behandlung" unterzogen werden. Um dies zu gewährleisten, muss theoretisch eine Abstimmung zwischen den Besatzungszonen stattfinden, womit eine gewisse Einheit gewahrt werden würde. Doch ist auch diese Regelung so unverbindlich formuliert, dass ihre Wirksamkeit ebenso bezweifelt werden kann.

T 2 / 1.
Kennans Kritik richtet sich besonders gegen die „unpräzise Ausdrucksweise". Nach all den Erfahrungen, die er mit der Verhandlungstechnik der sowjetischen Führung gemacht hat, weiß er, dass die Russen die Grundprinzipien der Behandlung Deutschlands unterschiedlich interpretieren. Das Abkommen sei folglich eine Irreführung der Öffentlichkeit, die Westmächte hätten sich „über den Tisch ziehen lassen".

T 2 / 2.
Anhand der Chronologie lässt sich folgern:
- das Wirtschaftssystem wurde nach sowjetischem Muster umgestaltet;
- der zwangsweise Zusammenschluss von KPD und SPD;
- beide Maßnahmen entsprechen nicht den westlichen Vorstellungen von „demokratisch".

Anhand der Sachinformationen ergibt sich hinsichtlich der Entwicklung, die Kennan vorhersieht:
- die wirtschaftliche Einheit Deutschlands ist nicht eingelöst;
- die Sowjets untersagen ihrer Besatzungszone die Annahme der Hilfe des Marshall-Plans.

Schon unmittelbar nach dem Potsdamer Abkommen zeichnete sich ab, dass die Sowjetunion ihre Vorstellungen von einer Neugestaltung Deutschlands in ihrer Zone konsequent durchsetzen würde. Die Befürchtungen Kennans waren demnach begründet.

C Die Gründung zweier deutscher Staaten

2. Die Währungsreform

1.

Nach einem Jahr „angestauten Konsumbedarfs" konnten die Menschen wieder einkaufen. Und wie durch ein Wunder waren die Regale wieder voller Waren und auch die Händler bedienten wieder freundlicher. Die neue Währung und das üppige Warenangebot lösten einen Kaufrausch aus, der die gesamte Wirtschaft in Schwung brachte.

2.

Das „Kopfgeld" schien zunächst gerecht zu sein, weil jeder Bürger die gleiche Summe des neuen Geldes erhielt. Die Währungsreform machte aber auch den Großteil der Sparguthaben in Reichsmark wertlos und bedeutete gerade für den Mittelstand und die Arbeiterschaft, die über keine Immobilien verfügten, eine schmerzhafte Einbuße. Damit war die Reform sozial unausgewogen, denn sie begünstigte die Inhaber von Produktivvermögen (Fabriken) und die Besitzer von Sachwerten (Maschinen- und Immobilienbesitz).

3.

Im Gegensatz zur westdeutschen Währungsreform, die nach wie vor die Kapitalinhaber, die Kriegsgewinnler und die Spekulanten bevorzuge, werden gerade diese Kreise in der SBZ durch das werktätige Volk enteignet. Alle alten Konten über 3000,– RM und alle neuen über 5000,– RM sollen überprüft werden, um sicherzustellen, dass niemand Kriegs- oder Schwarzmarktgewinne retten kann. Somit schaffe dieser Teil Deutschlands die eigentlichen Voraussetzungen für den „demokratischen Aufbau" und eine „Friedenswirtschaft".

4.

In der Erinnerung ist die Währungsreform der Startschuss für das spätere „Wirtschaftswunder" und der entscheidende Schritt hin zur Gründung eines eigenen Weststaates. Die doppelte Reform zerschnitt das letzte Band der wirtschaftlichen Einheit Deutschlands, wie sie im Potsdamer Vertrag niedergelegt worden war. Mit den beiden Reformen fiel auch die Entscheidung für das sozialistische bzw. kapitalistische Wirtschaftssystem. Die westlichen Zonen kamen in der Folge davon in den Genuss der Marshall-

Plan-Hilfe, während die SBZ davon ausgeschlossen blieb und stattdessen hohe Reparationsleistungen an die Sowjetunion abführen musste.

3. Grundgesetz und Verfassung der DDR

1.

Das Grundgesetz versteht sich laut Präambel als Provisorium („für eine Übergangszeit"), da es den Deutschen in der SBZ nicht möglich ist, diesem Grundgesetz aufgrund freier Wahlen zuzustimmen.

Die DDR hingegen spricht von einer „Verfassung", die sich das deutsche Volk gegeben hat und die somit endgültig ist („hat sich das deutsche Volk diese Verfassung gegeben"). Auf die Tatsache, dass weder das gesamte Volk noch Vertreter des gesamten Volkes dieser Verfassung zugestimmt haben, wird nicht eingegangen.

2.

Das Grundgesetz (GG) erhebt den Anspruch, eine freiheitliche Verfassung zu sein, die auch für diejenigen Deutschen steht, die in Unfreiheit leben. Da diese Verfassung nur ein Provisorium sein soll, ist die Wiedervereinigungsklausel („die Einheit und Freiheit Deutschlands zu vollenden") konsequenterweise Bestandteil der Präambel. Nicht zuletzt aus diesem Selbstverständnis heraus impliziert die Präambel damit auch einen Alleinvertretungsanspruch: „Es hat auch für jene Deutschen gehandelt, denen mitzuwirken versagt war."

Die DDR-Verfassung wiederum beansprucht für sich, dem Frieden und der sozialen Gerechtigkeit zu dienen. Sie sei entstanden aus dem Willen des Souveräns, des deutschen Volkes und erkennt nur eine deutsche Staatsangehörigkeit an, nämlich die der DDR. Damit wird ebenso der Anspruch erhoben, dass diese Verfassung für das gesamte deutsche Volk Gültigkeit habe.

3.

Die Gründung zweier deutscher Staaten ist als Reflex auf die zunehmende Zuspitzung des Ost-West-Konflikts zu sehen. Vor dem Hintergrund der sowjetischen Expansionsbestrebungen in Europa stellen die USA mit der Byrnesrede von 1946 die ersten Weichen in Richtung eines deutschen (West-)Teilstaates.

Auf wirtschaftlichem Gebiet müssen beide Währungsreformen als weiterer Schritt zur Spaltung Deutschlands angesehen werden. Die zunehmende Sowjetisierung des Ostblockes, und damit auch der DDR, verfestigte die Einbindung der SBZ in den sowjetischen Herrschaftsbereich. Die damit verbundene Aufhebung demokratischer Spielregeln und einer freien Meinungsbildung der Bevölkerung verhinderte grundlegende Entscheidungen hinsichtlich Gesamtdeutschland. Beide deutsche Staaten nahmen die Funktion eines Bollwerks gegen das jeweils andere System ein. Die Spaltung wurde endgültig und erhielt in den beiden Verfassungen ihre völkerrechtliche Grundlage.

D Die beiden deutschen Staaten in der Zeit des Kalten Krieges (1949 – 1969)

2. Die Westintegration in der Ära Adenauer

1.

Adenauers politische Grundüberzeugung kann mit der Formel „Wiedervereinigung in Frieden und Freiheit in einem vereinten Europa" wiedergegeben werden. Das bedeutet, die Wiedervereinigung ist nur mit Zustimmung aller vier Alliierten zu realisieren. Nachdem sich Adenauer der Hilfe der Westalliierten versichert hatte, konnte er aus einer „Position der Stärke" heraus in Verhandlungen mit der Sowjetunion treten. Dabei lehnt er den immer wieder vorgebrachten sowjetischen Vorschlag einer Neutralisierung Deutschlands als nicht akzeptabel ab und entschied sich für die Westintegration der Bundesrepublik Deutschland. Die auf diese Weise geschaffenen Tatsachen sollten die Sowjetunion schließlich dazu bewegen, am Verhandlungstisch einer Wiedervereinigung zuzustimmen.

2.

BRD	DDR
• Integration in westliche Bündnisse	• Integration in östliche Bündnisse
• Verteidigungsbeitrag wird eingelöst (Bundeswehr)	• BRD = imperialistischer Feindstaat
• NATO-Beitritt	• Abriegelung der innerdeutschen Grenze
• Hallstein-Doktrin (Dokument des westdeutschen Alleinvertretungsanspruchs)	• DDR von der Sowjetunion als souveräner Staat bestätigt,
• Versöhnung mit Frankreich	• Aufstellung bewaffneter Einheiten (NVA)
	• Beitritt zum Warschauer Pakt

3.

Die Sowjetunion schlug in einer ersten Note als Basis für einen Friedensvertrag mit Deutschland die Wiedervereinigung beider deutscher Staaten vor. Das wiedervereinigte Deutschland sollte neutral sein, die Alliierten sollten ihre Besatzungstruppen abziehen und Deutschland das Recht erhalten, eigene Streitkräfte aufzustellen. Nach der Ablehnung der Note durch die Westmächte mit der Begründung, dass dies nur durch freie Wahlen in ganz Deutschland möglich werden könnte, stimmte Stalin in einer zweiten Note auch dieser Forderung zu.

Doch die Westalliierten wollten Deutschland in ihren Bündnissystemen integriert sehen und lehnten auch die zweite Stalinnote ab, was zu einer weiteren Verhärtung der gegensätzlichen Positionen führte.

Die Opposition im Deutschen Bundestag sah in der Ablehnung der sowjetischen Angebote eine verpasste Gelegenheit auf dem Weg zur Wiedervereinigung und kritisierte die enge Anlehnung der Bundesrepublik an die Westmächte als weitere Zementierung der deutschen Spaltung.

3. Die Ostintegration der DDR

1.
- Planmäßige Entwicklung eines Arbeiter- und Bauernstaates bei gleichzeitiger Umwälzung des Denkens;
- Organisation des bewaffneten Schutzes der DDR vor imperialistischen Übergriffen von außen und „Wühltätigkeit" nach innen;
- Begründung einer dauerhaften Freundschaft mit der SU und den sozialistischen Staaten.

2.
Die beiden darauf abgebildeten Personen sind Breschnew und Honecker. Ihr fröhlicher und einander zugewandter Ausdruck soll die engen freundschaftlichen Beziehungen zwischen der DDR und der Sowjetunion zum Ausdruck bringen. Der Text geht sogar noch einen Schritt weiter, indem er von einem „unerschütterlichen Bruderbund" spricht, also einer Beziehung, die noch über eine frei gewählte Freundschaft hinausgeht. Gleichzeitig wird auch noch deutlich gemacht, dass diese Beziehung die Grundlage des eigenen „erfolgreichen Weges" sei, dass es sich somit für die DDR gelohnt hat, diese Verbindung einzugehen.

3.
a) „Entwicklung zum Arbeiter- und Bauernstaat / Umwälzung des Denkens":
- Säuberungen innerhalb der Partei,
- Propagierung des Aufbaus des Sozialismus als offizielle Parteilinie.

b) „Organisation des bewaffneten Schutzes":
- Sperrzone an der Demarkationslinie,
- Aufstellung bewaffneter Einheiten,
- Mauerbau.

c) „Begründung einer dauerhaften Freundschaft mit der Sowjetunion":
- propagandistische Überhöhung der Freundschaft mit dem Bruderstaat Sowjetunion;
- Beitritt zu den übernationalen Pakten des sozialistischen Blocks.

4. Soziale und wirtschaftliche Entwicklung in der BRD

1.

* „Wirtschaftswunder",
* Abbau großer sozialer Unterschiede durch Angleichung des Konsumverhaltens lässt Klassenunterschiede schwinden,
* Stützung der Demokratie (Wirtschaftswunder wird mit der Demokratie gleichgesetzt),
* Bildung einer neuen Mittelklasse fördert ebenfalls die Demokratisierung durch längere Schulbildung und Besetzung solider beruflicher Positionen,
* soziale Sicherheit und mehr Freizeit für die Bevölkerung.

2.

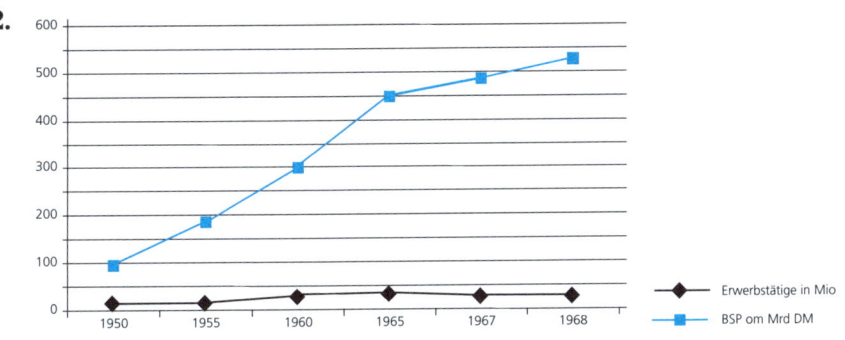

* starke Zunahme der unselbstständigen Erwerbstätigen in den 50er Jahren,
* Stagnation der Beschäftigtenzahlen ab 1960 mit leichtem Rückgang 1967/68 (erste Rezession in der Geschichte der Bundesrepublik),
* Verdreifachung des BSP zwischen 1950 und 1960,
* starker Anstieg zwischen 1960 und 1965,
* weiterhin hoher, wenn auch langsamerer Anstieg des BSP zwischen 1965 und 1968,
* der Anstieg des BSP verläuft viel steiler als die Zunahme der Erwerbstätigen.

3.

* Arbeitsbeschaffungsprogramme (Bundesanstalt für Arbeit),
* Kriegsopferversorgung,
* Lastenausgleich,

- Kindergeld,
- dynamische Rente,
- Betriebsverfassungsgesetz,
- Sozialhilfe,
- Vermögensbildung,
- Arbeitslosengeld,
- Krankenversicherung und Mutterschutz,
- betriebliche Mitbestimmung.

5. Der Aufbau des Sozialismus in der DDR

1.

- Störungen in der Wirtschaft führen zu Missstimmungen bei v. a. kleinbürgerlichen (also konservativen) Schichten und einem Teil der Arbeiterschaft;
- Agenten des Imperialismus verleiten Bürger der DDR zu Demonstrationen und Arbeitsniederlegungen;
- Provokateure und Kriminelle fordern den Sturz der Arbeiter- und Bauernmacht.

Der Text erwähnt zwar „Störungen in der Wirtschaft", die eine gewisse Unzufriedenheit bei „kleinbürgerlichen Schichten" hervorriefen, versucht diese Ursache aber herunterzuspielen. Nicht dadurch wurde der Aufstand in Berlin und in zahlreichen anderen Orten der DDR ausgelöst, sondern durch die Agitation westlicher Agenten, die sich gegen die DDR richtete. Der Aufstand wird also als eine Bedrohung von außen dargestellt, gegen die sich die „fortschrittlichsten Teile der Arbeiterklasse gemeinsam mit den sowjetischen Streitkräften" zur Wehr setzten. Eine mögliche Unzufriedenheit mit dem bestehenden Regime wird nicht in Erwägung gezogen.

2.

- Preissteigerungen,
- Arbeitsnormerhöhungen um 10%.
- Auf Druck der SU werden die Preis-, nicht jedoch die Normerhöhungen zurückgenommen.
- Streiks weiten sich zu einem Volksaufstand aus, der große Teile der DDR erfasst. Es werden auch Forderungen nach freien Wahlen und nach Wiedervereinigung laut.
- Rote Armee schlägt mit Panzern den Volksaufstand nieder.

3.
- Normerhöhungen werden zurückgenommen,
- Beschluss, einen neuen wirtschaftspolitischen Kurs zu fahren,
- Steigerung der Nahrungs-, Genussmittel- und Konsumgüterproduktion.

Letztlich reagiert die Bevölkerung mit verstärkter Flucht in die Bundesrepublik. Die Zahl der Übersiedler und Flüchtlinge blieb über Jahre konstant hoch, bis 1961, nach dem Mauerbau, ein Einschnitt erfolgte.

6.   Die Große Koalition 1966 – 1969

1.
Die Grafik zeigt, dass sich die Bundesrepublik bis Mitte der 60er Jahre eines relativ hohen Wirtschaftswachstums erfreuen konnte. 1966 kam es zu einer Rezession, also einem spürbaren Rückgang des Wachstums (– 0,3%), was eine gewisse Unruhe und Besorgnis auslöste, die in der Rede Kiesingers anklingt, wenn er von den „schweren Aufgaben" spricht, die im wirtschaftlichen Bereich zu bewältigen waren. Die ungewohnten Probleme ließen die beiden großen Parteien zusammenrücken und eine Große Koalition bilden.

2.
Mit einer ^{2}/$_3$-Mehrheit ist es möglich, Grundgesetzänderungen vorzunehmen. Eine schwache Opposition vermag wenig Druck auf die Regierung auszuüben, da diese sich einer komfortablen Mehrheit sicher weiß. Vor allem die geplanten Notstandsgesetze (➜ Sachinformationen) verursachten Ängste vor einem schleichenden Übergang in eine Diktatur. Nicht zuletzt vor diesem Hintergrund ist die Entstehung der außerparlamentarischen Opposition (APO) zu verstehen.

3.
Die Haushalte zu sanieren, das Wachstum zu fördern und die Stabilität der Währung zu sichern, diese Aufgaben hatte sich die Große Koalition gestellt, mit der Maßgabe, dass sie ihre starke Stellung nur dafür nutzen werde. Einem Machtmissbrauch sollte durch die bewusste zeitliche Begrenzung der Großen Koalition vorgebeugt werden. Wichtigstes Ergebnis ihrer Wirtschaftspolitik war das Stabilitätsgesetz, das u. a. staatliche Konjunkturprogramme vorsah.
Ab 1968 zog das Wirtschaftswachstum wieder kräftig an.

4.

In den frühen sechziger Jahren formierte sich aufgrund des Fehlens einer starken parlamentarischen Opposition eine so genannte außerparlamentarische Opposition. Ihre Träger waren hauptsächlich Intellektuelle und Studenten, deren Protest sich in erster Linie gegen die Bildungspolitik, gegen die Notstandsgesetze, gegen die schleppende Aufarbeitung der nationalsozialistischen Vergangenheit und die Vietnampolitik der Amerikaner richtete. Sie verurteilten das Wohlstandsdenken der älteren Generation und forderten mehr gesellschaftliche Gleichheit und Freiheit.

7. Die DDR: Politik der Abgrenzung und Konkurrenz zur Bundesrepublik

1.

*   Schutz der DDR-Bürger vor Übergriffen (aus dem Westen) und Sicherung des Volksvermögens,
*   die DDR sei der eigentliche Hort der Demokratie und muss vor Verrätern geschützt werden.

Menschen, die aus der DDR fliehen wollen, werden als Verbrecher und Verräter bezeichnet, auf die auch geschossen werden darf. Gleichzeitig unterstellt der Redner, dass diese Menschen zu einer Bedrohung des eigenen Volkes werden, sodass es sogar zum Schutz dieses Volkes notwendig sei, auf Flüchtlinge zu schießen. Dass Menschen ein Recht haben könnten, auch das eigene Land zu verlassen, scheint in dieser Argumentation keinen Platz zu haben.

2.

*   mehr Eigenverantwortung für den einzelnen Betrieb,
*   materielle Anreize,
*   alles muss dem höchsten ökonomischen Nutzeffekt untergeordnet werden,
*   betriebliche Produktion muss auf Gewinn ausgerichtet sein und gleichzeitig hohe Qualität bedarfsgerecht liefern.

3.

Im ersten Text wird versucht, die Abriegelung der DDR und den Schießbefehl zu erklären und zu legitimieren. Menschen, die der DDR den Rücken kehren wollen, werden zu Verbrechern abgestempelt, gegen die Gewaltanwendung legitim und sogar notwendig sei. Dennoch scheint es der DDR-Führung nicht entgangen zu sein, dass die Unzufriedenheit, besonders hinsichtlich der Versorgung mit Konsumgütern, weite Kreise der Bevölkerung erfasst hat. Man konnte nicht alle zu westlichen Agenten und Verbrechern erklären, darum musste die Versorgungslage der Menschen spürbar verbessert werden. Darauf weist die Rede Ulbrichts hin, in der er die volkseigenen Betriebe auf höhere Produktionsmengen und bessere Qualität einschwören wollte. Beides lag in der DDR im Argen und führte zu der zunehmenden Abkehr der Menschen von dem SED-Regime.

E   Die sozial-liberale Koalition (1969 – 1983)

2.   Die neue Ostpolitik

1.

a) Die Wiedervereinigung ist ein Prozess mit vielen (kleinen) Schritten, sie kann nicht in einem einmaligen Akt erzwungen werden und ist nur zusammen mit der Sowjetunion zu realisieren.

b) Änderungen in der Sowjetzone (DDR) können nur ausgehend von dem dort herrschenden (verhassten) Regime erreicht werden. Die Mauer ist ein Zeichen von Schwäche, Angst und ein Versuch zur Selbsterhaltung des Regimes.

c) Strategie muss es sein, dem Regime die Ängste zu nehmen, um ihm das Risiko einer Auflockerung der Grenzen möglichst gering zu halten. Der Weg dahin liegt in der Formel „Wandel durch Annäherung". Diese Politik lässt sich darüber hinaus in die gesamteuropäische Friedensstrategie einpassen, kann also mit einer Zustimmung der westlichen Bündnispartner rechnen.

2.

Erreicht wird eine Annäherung an die Sowjetunion, an die Tschechoslowakei und Polen. Dies wird nur möglich durch die Anerkennung der territorialen Veränderungen, die durch den Zweiten Weltkrieg hervorgerufen wurden. In der Folge davon werden diplomatische Beziehungen aufgenommen mit dem Ziel, die Annäherung weiter voranzubringen.

3. Normalisierung des Verhältnisses zur DDR

1.

Die unterschiedlichen Bezeichnungen für die DDR deuten auf das schwierige Verhältnis zwischen beiden deutschen Staaten hin. So wird einmal von der „SBZ", dann von „Mitteldeutschland" oder von der „Zone" gesprochen. Die Abkürzung „DDR" erscheint in Anführungszeichen und einmal auch ohne. All die Umschreibungen deuten darauf hin, dass man in der Bundesrepublik eine sehr unterschiedliche Einstellung zum anderen deutschen Staat hatte. Die meisten scheinen ihn nicht als vollwertigen, souveränen Staat anerkannt zu haben. Nur einmal taucht die offizielle Abkürzung „DDR" auf. Aus den unterschiedlichen Bezeichnungen können somit auch die vielfältigen Einstellungen in der Bundesrepublik zum anderen deutschen Staat herausgelesen werden.

2.

Stoph lehnt die Formel „alle Deutsche" in den Beziehungen zwischen beiden deutschen Staaten ab. Er reklamiert die Existenz zweier unabhängiger, gegensätzlicher deutscher Staaten. Während die Bürger der DDR mit ihrer Arbeit den gesellschaftlichen Wohlstand mehrten, profitiere in der Bundesrepublik nur die kleine Schicht der Millionäre von der Arbeit der Werktätigen. Dieses Interesse der besitzenden Schicht sei nicht das nationale Interesse, als das es vom Westen gern ausgegeben wird. Stoph stellt die politischen und sozialen Interessen der Arbeiterklasse und des Sozialismus über „vermeintliche nationale Gemeinsamkeiten". Damit wendet er sich klar gegen eine Wiedervereinigung nach westlichen Spielregeln.

3.

Stophs Auffassung schlägt sich insofern in den Abmachungen des Grundlagenvertrags nieder, als in allen Vertragsteilen von zwei souveränen deutschen Staaten ausgegangen wird, die gegenseitig ihre Grenzen respektieren. Die Bundesregierung erreichte es, wenigstens in einigen Punkten die Sonderbeziehungen zwischen den beiden deutschen Staaten hervorzuheben. So bedeutete der Vertrag keine völkerrechtliche Anerkennung der DDR, was im Austausch von „Ständigen Vertretern", nicht „Botschaftern", zum Ausdruck kam. Auf der anderen Seite gelang es der DDR, die Hallstein-Doktrin zu unterlaufen und ihre völkerrechtliche Anerkennung durch die meisten Staaten der Erde zu erhalten. Dies wurde durch die Aufnahme in die UNO für alle Welt offensichtlich.

4. Innenpolitische Konflikte in der Bundesrepublik

1.

Die Angaben in der Statistik verweisen darauf, dass zum einen die Anzahl der Demonstrationen sehr stark zunahm, auf der anderen Seite diese Aktionen überwiegend und zunehmend gewaltsam verliefen. Die wenigsten Demonstrationen verliefen friedlich, zwischen 1978 und 1980 war ihre Zahl sogar rückläufig. Ursachen dafür könnten in der APO-Bewegung liegen, die aufgrund der schwachen parlamentarischen Opposition sich nicht nur außerhalb des Parlaments organisierte, sondern auch zunehmend gegen das bestehende staatliche System anging. So wurden viele Demonstrationen auch gleichzeitig zu Kampfansagen gegen das Establishment.

Der Chronologie ist zu entnehmen, dass in den 70er Jahren eine Radikalisierung dieser Protestbewegung erfolgte. Sie fand ihren Höhepunkt in der RAF und deren Terroranschlägen. Besonders die Entscheidung für den Bau von Atomkraftwerken angesichts des Schocks der Ölkrise rief eine breite Protestbewegung ins Leben, in deren Reihen sich auch zahlreiche gewaltbereite Demonstranten befanden. Die Stationierung von Mittelstreckenraketen auf dem Territorium der Bundesrepublik rief ebenfalls Widerstand auf breiter Front hervor. Auch wenn die Friedensbewegung jede Form des gewalttätigen Protests ablehnte, fanden sich bei Großdemonstrationen dennoch immer wieder gewaltbereite Mitglieder so genannter „autonomer Gruppen". Dies mag auch dazu beigetragen haben, dass die Zahl der ausschließlich friedlich verlaufenen Demonstrationen relativ niedrig ausfällt. Auf der anderen Seite kann aus dieser Tabelle auch nicht der Schluss gezogen werden, dass es sich bei der Mehrzahl der Demonstrationen um ausschließlich gewalttätige Aktionen handelte. Denn die Tabelle sagt nichts darüber aus, wie groß der Anteil der gewaltbereiten Demonstranten an der Gesamtzahl der Teilnehmer war.

2.

Die in T 1 gezeigte starke Zunahme von Demonstrationen, die schließlich Ausdruck einer breiten Unzufriedenheit war, führte schließlich zur Gründung der Partei der Grünen. Diese Partei verstand sich als Sammelbewegung für all die demokratischen Bewegungen und Bürgerinitiativen, die sich für eine alternative Politik einsetzten. Gleichzeitig bekannte sich die Partei ausdrücklich zur Gewaltfreiheit. Somit kann sie nicht mit der wachsenden Zahl gewalttätiger Demonstrationen in Verbindung gebracht werden.

3.

Die Grünen

- verstehen sich als Alternative zu den herkömmlichen Parteien,
- fühlen sich verbunden mit allen Verbänden und Initiativen, die sich für den Schutz der Umwelt, die Wahrung des Friedens und der Menschenrechte, der Rechte der Frauen und für die 3. Welt einsetzen,
- sehen sich als Teil der weltweiten grünen, d.h. Umweltschutzbewegung,
- propagieren eine politische Umkehr und Abwendung vom wirtschaftlichen Zweckdenken, das ausschließlich auf Produktionssteigerung ausgerichtet ist,
- bekennen sich zu ökologischen, sozialen, basisdemokratischen und gewaltfreien Grundsätzen.

F   Die DDR unter Honecker (1971 – 1985)

2. Der „real-existierende Sozialismus"

1.

Der Brief ist zwar vordergründig an den „Lieben Genossen Honecker" gerichtet. Doch die Sprache, die lückenlose Aufzählung aller „Errungenschaften", die propagandistisch geschickt platzierten Seitenhiebe auf die BRD zeigen deutlich, dass dies eine geschönte Selbstdarstellung ist, die nicht Honecker, sondern der Öffentlichkeit im In- und Ausland präsentiert werden sollte. Möglicherweise war Honecker sogar selbst der Auftraggeber dieses Briefes.

2.

Die Verfasserin bedankt sich für die Errungenschaften, die sie der Politik der DDR zu verdanken hat wie

- Bau von Neubauwohnungen,
- keine Arbeitslosigkeit (wie in der BRD), deshalb auch
- keine Obdachlosigkeit und Armut,
- Arbeitsplätze werden nach den Bedürfnissen der Arbeitnehmer geschaffen und gestaltet,
- Erhalt des Friedens durch eine menschenfreundliche Politik,
- Gleichheit der Bürger,

- Religionsfreiheit,
- Glück.

Der Brief erscheint als Äußerung und Dank eines durchschnittlichen Kindes in der DDR, nicht als offizielle Stellungnahme eines staatlichen Organs. In diesem Brief werden all die Dinge angesprochen, die in der offiziellen Propaganda ebenfalls als „Erfolge" herausgestellt werden. Dadurch, dass ein normaler Bürger sich dafür bedankt, wird eine enge Bindung zwischen Staatsapparat und Volk vorgetäuscht. Die Wirkung des Briefes zielt darauf ab, die Errungenschaften des DDR-Regimes zu präsentieren und dies an einem konkreten Beispiel deutlich zu machen. Außerdem will er den Eindruck erwecken, dass die Menschen im Lande mit der Politik der SED zufrieden sind und ihr sogar dankbar zustimmen.

Auf der anderen Seite können die zu geschliffene Sprache, die gründliche Aufzählung aller positiven Dinge und die sehr offensichtliche Deckungsgleichheit mit der offiziellen Auffassung den propagandistischen Charakter dieses Briefes auch wieder entlarven. Dadurch wäre die intendierte Wirkung wohl aufgehoben.

3.

Die Karikatur relativiert die Aussagen des Briefes dahingehend, dass sie nicht den Begriff „Sozialismus" in den Vordergrund stellt, sondern den Begriff „Realismus". Der Blick in den Spiegel lässt den uralten Herren nur einen uralten Herren sehen, auch wenn es sich lieber ein anderes Bild gewünscht hätte. Die DDR wurde nicht nur von alten Herren regiert, ihr System war ebenfalls alt und fiel immer weiter hinter die konkurrierende Bundesrepublik zurück. Da half auch kein Schönreden mit Begriffen wie „real-existierender Sozialismus", zumal der darin angesprochene Realismus keineswegs als Widerspiegelung der Wirklichkeit angesehen werden konnte. Auf diesen Widerspruch zwischen offizieller Darstellung und tatsächlicher Situation weist die Karikatur hin.

Trotz einer vordergründig überzeugenden Sozialpolitik gelang es der DDR nicht, den im Brief angeführten Zustand zu verwirklichen. Wie die Tabelle in den Sachinformationen zeigt, blieb die DDR, besonders bei Konsumartikeln, der Versorgung mit Wohnraum und der Arbeitsproduktivität, weit hinter der Bundesrepublik zurück.

3. Das deutsch-deutsche Verhältnis (1972 – 1985)

1.
Das Verhältnis der beiden deutschen Staaten sei geprägt
- durch einen unversöhnlichen Gegensatz zwischen Sozialismus und Kapitalismus (T 1),
- durch die Tatsache, dass die BRD der DDR-Regierung über die unüberwindliche Mauer (zwischen Sozialismus und Kapitalismus) hinweg großzügige materielle Hilfen zukommen ließ, um im Gespräch mit ihr zu bleiben,
- durch eine unterschiedliche Auslegung des Begriffs „Landsleute". Die DDR verstand sich als souveräner Staat neben der ebenso souveränen Bundesrepublik. Bundeskanzler Kohl war folglich der Regierungschef eines anderen Landes und hatte somit auch kein Recht, Bürger der DDR als „Landsleute" zu bezeichnen (1972 erging ein neues Staatsbürgergesetz in der DDR).

2.

trennende Maßnahmen	erleichternde Maßnahmen
• neues Staatsbürgergesetz,	• Ausweitung des Handels mit der BRD,
• Tilgung aller gesamtdeutschen Bezüge aus der Verfassung der DDR,	• Erweiterung des kleinen Grenzverkehrs,
• Ausweisung eines ARD-Korrespondenten,	• Transitautobahn Hamburg – Berlin,
• Schließung des Spiegel-Büros in Ostberlin,	• Abbau der Selbstschussanlagen,
• Erhöhung des Mindestumtausches für Westdeutsche	• Erleichterungen für Rentner im innerdeutschen Reiseverkehr,
	• Erteilung von Ausreisegenehmigungen

3.
Die Maßnahmen der DDR-Regierung, die eine Annäherung an die BRD erlaubten bzw. ermöglichten, resultierten meist aus materiellen Gegenleistungen der Bundesrepublik, wie der Einräumung des „Swing" und der Gewährung von Krediten (→ Karikatur).

G   Der Weg zur deutschen Einheit

2.   Die Folgen der Perestroika

1.

Die alte, völlig vergreiste DDR-Führung hat sich immer weiter von ihrer eigenen Bevölkerung entfernt. Sie gestaltet die Politik nicht mehr, sondern sitzt nur regungslos vor der Tür, durch die das Volk eindringen könnte. Dieser Zustand hält schon so lange an, dass sich Spinnweben ansetzen konnten.

Jegliches Aufbrechen dieses inneren Führungskreises haben die „alten Männer" jahrelang verhindert. Nun sehen sie sich massenhaften Rufen nach „Reformen", „Demokratie" und „Freiheit" ausgesetzt. Die zum Dialog ausgestreckte Hand erweist sich jedoch als Attrappe. Die Legende zu der Karikatur macht deutlich, dass diese Herren die Demokratie stets als eine Bedrohung angesehen haben und ihre Bekenntnisse dazu nicht viel wert waren. Lange werden die „alten Herren" die Demokratie aber nicht mehr fernhalten können, denn ihre Lage wird als ziemlich hoffnungslos gezeichnet.

2.

Träger der Revolution waren nach Schäuble die Bürgerbewegungen, besonders die innerhalb der Kirchen. Aber auch in der SED fand diese stille Revolution statt, nachdem man gesehen hat, was in Polen und Ungarn möglich wurde. Die von Gorbatschow initiierten Reformen haben auch in der DDR ihre Spuren hinterlassen.

3.

Voraussetzungen:

- Reformkurs Gorbatschows in der Sowjetunion und damit verbunden die beginnende Auflösung des Ostblocks,
- Öffnung des „Eisernen Vorhangs" durch Ungarn,
- Massenexodus von DDR-Bürgern,
- Fehlende Unterstützung des alten SED-Regimes durch die Sowjetunion und Anmahnung von Reformen durch Gorbatschow

Verlauf:

- friedliche und größer werdende Massendemonstrationen („Montagsdemonstrationen" in Leipzig) und anderen Städten,
- Ablösung Honeckers durch Egon Krenz,

- Rücktritt des gesamten Politbüros und damit Übernahme der Verantwortung für die Krise der DDR,
- Öffnung der Grenzen nach Westen

3. Die Auflösung der DDR

1.
Egon Krenz hat zwar erkannt, dass sich die DDR in einer schwierigen Situation und an einem „Scheideweg" befindet. Doch das ganze Ausmaß der Misere und die Ausweglosigkeit der Lage scheint Krenz dennoch nicht bewusst zu sein. Wenn er von einem „Scheideweg" spricht, dann glaubt er daran, dass es für die DDR eine Wahlmöglichkeit gäbe. Und wenn er die „sozialistische Alternative deutscher Entwicklung" erhalten möchte, dann scheint er noch immer nicht begriffen zu haben, dass sie gescheitert ist.
1989 und stärker noch 1990 befand sich die DDR wirtschaftlich und politisch im freien Fall. Ohne massive Unterstützung der Bundesrepublik wäre sie zahlungsunfähig geworden. Große Teile der Bevölkerung suchten ihr Heil in der Flucht in den Westen. Das alte Regime hatte seinen bereits spärlichen Rückhalt in der Bevölkerung nun ganz verloren.

2. / 3.
Kunert macht deutlich, dass eine Reform des Systems auf den Trümmern, die es selbst hinterlassen hat, keine Aussicht auf Erfolg hat. Der ökonomische und ökologische Zustand des Landes sei so gravierend schlecht, dass ein Neuanfang des alten Regimes nicht denkbar wäre.
Auch der Traum von einem „demokratischen Sozialismus" sei unrealistisch. Ein System, das vierzig Jahre lang seine Entscheidungen über die Köpfe der Menschen hinweg getroffen, ihre Bedürfnisse und Wünsche ignoriert hat, wird kein Vertrauen gewinnen können, wenn es in einer modifizierten Form neu antritt.

4.
- Modrow, der Bezirkssekretär der SED von Dresden war, wird zum ersten gewählten Regierungschef der DDR.
- Kohl formuliert sein 10-Punkte-Programm zur Angliederung der DDR an die Bundesrepublik.
- Honeckers Nachfolger, Krenz, legt sein Amt nieder; der „Runde Tisch" einigt sich auf die Durchführung freier Volkskammerwahlen.

- Das Wahlbündnis „Allianz für Deutschland" geht aus den Wahlen siegreich hervor; Lothar de Maizière wird zum Ministerpräsidenten der DDR gewählt.
- Die DM wird Zahlungsmittel; Beschluss einer Wirtschafts- und Währungsunion zwischen der DDR und der Bundesrepublik.
- Gorbatschow stimmt einer NATO-Mitgliedschaft Gesamtdeutschlands zu.
- In Ostberlin wird der Vereinigungsvertrag zwischen den beiden deutschen Staaten unterzeichnet.
- Die Unterzeichnung des Zwei-plus-Vier-Vertrages gibt Deutschland die volle Souveränität zurück.
- Durch den Beitritt der fünf neuen Länder zur Bundesrepublik wird die Wiedervereinigung vollzogen.

4.   Von der politischen zur wirtschaftlichen Einheit

1.

Grundsätzlich sieht von Dohnányi keine Alternative zur Währungsunion, auch wenn er sich bewusst ist, dass damit die wirtschaftlichen Probleme nicht beseitigt werden, sondern eher noch gravierender zum Vorschein kommen. Seine Argumente für die Währungsunion:

- Übersiedlungswelle in die Bundesrepublik wäre noch größer ohne die Währungs- und Wirtschaftsunion;
- die DDR hätte ihre Probleme allein nicht lösen können;
- Förderung der Investitionsbereitschaft westlicher Unternehmen;
- eine Alternative bestand nicht.

2.

Die Folge der Währungsunion wird Arbeitslosigkeit sein. Es wird zu sozialen Härten und Konflikten, v. a. hinsichtlich der Eigentumsverhältnisse, und zu politischen Spannungen kommen.

3.

Durch die Einführung der D-Mark in der DDR wurde der Einigungsprozess faktisch unumkehrbar. Kanzler Kohl hatte sich angesichts der drastisch steigenden Übersiedlerzahlen entschlossen, die Wirtschafts- und Währungsunion schnellstmöglich durchzusetzen. Man einigte sich auf günstige Wechselkurse: Löhne, Mieten und Renten wurden 1:1, Sparguthaben bis

175

6000 Mark ebenfalls 1:1 und höhere Beträge 2:1 umgestellt. Am 1. Juli 1990 trat die Währungsunion in Kraft.

4.

Die Wiedervereinigung weckte alte Ängste gerade bei den direkten Nachbarn Deutschlands. In der Mitte Europas würde ein wirtschaftlicher Riese mit ca. 80 Millionen Menschen entstehen, wogegen besonders die Briten unter Premierministerin Margaret Thatcher große Bedenken hegten. Dazu kam, dass die ehemaligen deutschen Staaten unterschiedlichen Militärpakten angehörten, ein wiedervereintes Deutschland nach dem Willen der USA jedoch Mitglied der NATO, nach dem Willen der Sowjetunion aber ein neutraler Staat werden sollte.

Nach der Bekräftigung der Gültigkeit der polnischen Westgrenze durch die Bundesregierung und der Unterzeichnung des deutsch-polnischen Grenzvertrags konnten die Bedenken Polens zerstreut werden.

Frankreichs Ablehnung konnte revidiert werden, nachdem die Bundesregierung deutlich machte, dass die deutsche Einheit Teil eines Prozesses auf dem Weg zu einer europäischen Integration sein werde, bei der das deutsch-französische Verhältnis eine zentrale Rolle spielen sollte.

Die sowjetische Regierung sah sich mit einer katastrophalen Lage in der zerfallenden Sowjetunion konfrontiert, was ihre Verhandlungsposition erheblich schwächte. Bundesdeutsche Kredite und ein finanzielles Entgegenkommen beim Abzug der sowjetischen Truppen sowie eine Reduzierung der Heeresstärke und Waffensysteme auf deutschem Boden eröffneten schließlich den Weg für Gorbatschows Zustimmung zur deutschen Einheit und dem Verbleib Gesamtdeutschlands in den westlichen Bündnissystemen.